中国古代教育与学科发展研究

田增志◎著

中国出版集团　现代出版社

图书在版编目（CIP）数据

中国古代教育与学科发展研究 / 田增志著. -- 北京：
现代出版社，2023.7
ISBN 978-7-5231-0407-1

Ⅰ．①中… Ⅱ．①田… Ⅲ．①教育史－研究－中国－
古代 Ⅳ．①G529.2

中国国家版本馆CIP数据核字(2023)第118110号

中国古代教育与学科发展研究

作　　者	田增志
责任编辑	刘全银
出版发行	现代出版社
地　　址	北京市朝阳区安外安华里504号
邮　　编	100011
电　　话	010-64267325　64245264(传真)
网　　址	www.1980xd.com
电子邮箱	xiandai@cnpitc.com.cn
印　　刷	北京四海锦诚印刷技术有限公司
版　　次	2023年7月第1版　2023年7月第1次印刷
开　　本	185 mm×260 mm　1/16
印　　张	10.75
字　　数	251千字
书　　号	ISBN 978-7-5231-0407-1
定　　价	58.00元

前　言

中国是举世闻名的文明古国，在漫长的历史发展过程中，勤劳智慧的中国人创造了丰富多彩、绚丽多姿的文化，可以说人创造了文化，文化创造了人，这些经过锤炼和沉淀的古代传统文化，凝聚着华夏各族人民的性格、精神、智慧，是中华民族相互认同的标志和纽带。在古今中外教育发展史上，各派教育思想异彩纷呈，他们的教育智慧非常先进，教育思想十分丰富，并在一定程度上揭示了教育改革发展的特点、规律和趋势。另外，随着时代的发展，学科概念的范畴不断拓展，学科建设的内容也越来越丰富，学科建设已成为高校建设的系统工程，并成为高校建设水平的标志。因此，研究学科的发展对教育体系的革新有重要作用。

基于此，笔者以"中国古代教育与学科发展研究"为题，首先分析中国古代教育史的发展、中国古代教育的思想、中国古代家庭与蒙学教育；其次探讨中国古代教育中的学科发展；最后研究多维度视角下学科建设的发展、基于核心素养的学科发展。

本书基于"教育"的大背景，对中国古代教育与学科发展进行深入思考。在论述上，从实用角度出发，并结合中国古代教育的特点，探究了学科发展的脉络与方向。在内容上，本书做到了理论与实践的结合，内容翔实，有理有据，容易被读者接受，所提出的理论方法与提升技巧具有可行性，对于读者而言具有重要的学习价值。

由于笔者研究水平有限，本书难免会有疏漏，甚至可能会存在一些错误之处，还请学界同人批评指正。今后将在"中国古代教育与学科发展"的研究道路上继续前行，不断提高自己的研究水平和能力，争取为相关研究者提供更具参考和借鉴意义的资料。

目 录

第一章 中国古代教育史的发展

第一节 中国原始时期的教育发展

一、原始社会的教育起源

教育起源问题既是教育史研究的范畴，也是教育基本理论研究的重要课题。关于原始社会的教育起源研究，主要有生物起源论、心理起源论、劳动起源论三种比较有代表性的学说。

（一）教育的生物起源论

教育的生物起源论①认为，人类教育发源于动物界中各类动物的生存本能活动，教育的生物起源论把教育的起源归于动物的本能行为，归于天生的，像动物本能那样原本具有的生物行为，教育过程即按生物学规律进行的本能过程，这就完全否认了人与动物的区别，否认了教育的社会性。

（二）教育的心理起源论

教育的心理起源论②代表人物是美国教育家孟禄，孟禄在其所著《教育史教科书》中，从心理学的观点出发，根据原始社会没有学校、没有教师、没有教材的原始史实，判定教育应起源于儿童对成人无意识的模仿，他认为原始社会的教育使用的方法从头至尾都

---

① 生物起源论，关于教育起源的学说。法国社会学家、哲学家利托尔诺首倡，他在《各人种的教育演化》一书中认为，教育现象不仅存在于人类社会中，早在人类产生以前，已在动物界存在。动物对小动物的爱护和照顾便是教育行为。昆虫界也有教师与学生。生存竞争的存在是产生教育的基础。动物为保存自己的物种，本能地要把自己的"知识"和"技巧"传授给小的动物。

② 心理起源论是关于教育起源的学说，亦称"心理学的教育起源论"。美国孟禄首倡。他从心理学观点出发，认为提出生物起源论者忽视了人的心理与动物心理的本质区别。

是简单的无意识的模仿。这种原始共同体中儿童对年长成员的无意识模仿就是最初形态的教育。

教育的心理起源论避免了生物起源论的错误所在，提出模仿是教育起源的新说，有其合理的一面。模仿作为一种心理现象，作为一种学习方式，可视为教育的诸多途径之一。

教育的生物起源论和心理起源论从不同角度揭示了教育的起源，但他们的共同缺陷是都否认了教育的社会属性，否认了教育是一种有意识的活动，把动物本能和儿童无意识的模仿同有意识的教育混为一谈，因而都是不正确的。

（三）教育的劳动起源论

教育的劳动起源论[①]认为，教育起源于劳动，起源于劳动过程中社会生产需要和人的发展需要的辩证统一，其代表人物主要是苏联的米丁斯基、凯洛夫等教育史学家和教育学家。

现代生物学认为，从低等动物到高级生命的进化，从哺乳动物到灵长动物、从猿到人的进化，其中，真正的发展是人脑的进化。在人脑的进化过程中，劳动起着决定性作用。人脑的进化削弱了人的其他器官的发展，人与多数动物相比，是一种"有缺陷的生物"。人的原始特性是他的未特定化，即人的本能的匮乏。大多数动物出生后很快就能独立生存，其生存能力是通过遗传获得的，是本能的，而人之初生，赤身裸体，孱弱无力，没有先天赋予的生存装备，因此人的生存装备需要外界赋予，具有人工性，如抵御寒冷的衣服、对付野兽的武器等。人出生十来个月后才能站立，然后蹒跚学步，十多年后才能成熟，并得到生存能力。然而，这种生存的能力并非与生俱来，而是后天由外界赋予的。正是这种人的未特定化产生了对教育的需要性。人的这种很长的成长过程就是通过学习来获得独立生存能力的过程。人只有通过这一过程，才能学会掌握和运用其生存所需的人工性装备。

在劳动的过程中，人学会了直立行走；在劳动的过程中，人产生了语言与思维。人有思想，因而其活动是能动的，具有很强的目的性。人的大脑的充分发育，脑容量的增大，是思想发生的自然物质基础；然而，人的思想也不是先天生成的成熟系统，而是要在后天学习和实践过程中逐步形成的，这也是一个十分漫长的过程。

真正的劳动从制造和使用工具开始，工具的制造和使用，使人类活动的领域日益扩

---

①劳动起源论，是指劳动创造了人类和社会；劳动过程的复杂性要求通过教育把人类积累的经验传授给下一代，考古学和人类学研究证明：人类原始时代教育活动已经存在了，教育是一种永恒的社会现象。

大、内容更加复杂。共同的劳动要求社会的每个成员学会一定的生产经验；共同的劳动同时要求每个成员必须学会遵守一定的劳动纪律和行为规范。共同劳动中形成的这种生产经验和社会规范不断地积累和沉淀，并外化为社会知识经验。这种知识经验本质上是一代代人共同创造的人类的产物，是一种高度概括的人类生存能力。这种生存能力不能靠种族遗传来完成，教育也就成为完成这一任务的必然诉求。

二、原始时期教育的学说

（一）教育的上层建筑说

教育的"上层建筑说"的论据主要有两个方面：一是从教育史上看，教育总是为政治经济所决定，教育反映政治经济，也为政治经济服务，所以，教育是社会的上层建筑。教育是通过培养人为政治经济服务的一种社会的上层建筑。也有论者专门论述了作为上层建筑的教育的特点。二是尽管任何事物都有多种多样的属性，但这多种多样的属性之和，并不就是事物的本质属性。教育目的和方针政策是统治阶级根本利益在教育上的集中反映。居于教育体系中核心地位的教育目的，对教育的内容、方法和形式都起着制约作用。教育中也有非上层建筑的因素，如自然科学的内容、教育制度中的入学年龄、儿童的身心发展规律等。但是，教育中不属于上层建筑的部分是次要的，并不妨碍得出教育是上层建筑的结论。

（二）教育的生产力说

教育的"生产力说"的立论依据主要包括：一是教育变为直接生产力的过程就是教育本身，就是培养作为生产力中最重要的要素的人。教育作用于人，教育的产品就是教育者的劳动转化为受教育者的智慧、才能、品德、性格，经过这一转化，人就成为生产力的一个要素，而教育也就成为直接的生产力。二是社会生产力包括物的和人的两个方面，人的方面就是指劳动者。而从知识、技能来看，劳动者生产能力的提高离不开教育。三是教育是将知识形态的生产力转化为直接生产力的途径。

要把科学这种知识形态的生产力转化为直接的生产力，有两条基本途径：一是通过物化在生产资料、技术上，从而构成生产力的要素；二是通过教育，使劳动者接受科学，把科学智化于劳动力的主体之中。这两条途径，都有赖于教育的直接或间接的作用。可见，作为实践的教育是将知识形态的生产力转化为直接生产力的基本途径。

教育的"生产力说"本身也受到了批判，受质疑的方面包括：如同不能把全部教育看作上层建筑，我们也不能笼统地说教育是生产力；"生产力说"强调的自然科学、技术知识，其本身是没有阶级性的；但是，不是任何阶级在任何时候对科学技术采取的态度都是一样的，唯其如此，传授科学技术的教育，也是属于意识形态范畴的一种活动；尽管学校教育是培养人的活动，但学校教育不单是培养劳动力、科技人员、生产管理人员等从事物质生产的人员，因而不能不加分析地把教育归属于生产力。

（三）教育的多重属性说

教育的"多重属性说"可分为两种：第一，教育具有生产力和上层建筑的双重性质。这实际上是一种比"教育基本上是上层建筑"更带折中性的观点，在理论上可能是软弱的。第二，教育的本质是它的社会性、阶级性、生产性、艺术性和科学性等各种属性的统一；教育的本质，不是永恒不变的，随着社会的发展，也在不断增殖和更新它的质态，形成了教育的多质的、多层次的、多水平的本质属性。

三、学校的出现与"东学西渐"

随着文字的出现，人类文明进入了书写文明阶段。文字就成为记载当时人类总结出来的文化知识经验的唯一工具，文字的产生是教师、学校产生的基础。只有文字产生以后，才有可能建立起专门进行教育、组织教学的主要场所——学校，才会出现专门从事教育和根据文献资料传授知识的人——教师。

由此可见，人类早期学校是在原始社会末期、奴隶社会初期出现的，并且以生产力的发展、体力劳动和脑力劳动的分工、文字的产生这样几个因素作为它产生的基础。学校的产生使文化教育和人类的学习活动得到更快的发展。这一时期整个世界的教育图景可以用"东学西渐"来总结。其原因在于，首先世界上最早的文字、最早的学校、最早的书籍以及最早的教育家都出现在古代的东方。

世界上最早的文字出现在公元前前4500~3000年，依照先后顺序大致是古代苏美尔的楔形文字，然后是古埃及的图形文字、中国的甲骨文，以及古印度的达罗毗荼人创造的象形文字。就世界范围而言，学校究竟最初产生在何年何处，至今尚无定论。首先，一般认为，公元前3500年两河流域马里城的学校遗址是人类最早的学校。根据20世纪30年代考古学家的发掘，人们推断，在公元前3500年以前的幼发拉底河流域，距巴比伦不远的地方已经有了学校。其次，公元前2500年的埃及宫廷学校可能是大家比较广泛认同的人类最初的学校。因为埃及考古发现的"纸草"文书，证明当时已有了学校教育。

学校的形成应该具备以下条件：第一，生产力的发展和奴隶制国家的形成。简单地讲，生产力的发展导致了剩余产品的出现、阶级的分化和奴隶制国家的形成。国家一旦形成，统治者为了维护其政权的稳固，就有必要培养专门的知识阶层来从事意识形态的灌输、诗书礼仪的教化、典章制度的制定等工作，同时还要培养统治者。而这些都离不开教育，学校的产生也就是一件必然的事情了。第二，文字的出现和应用、体力劳动和脑力劳动的分工，使专职教师的出现成为可能，这为学校的建立提供了可能性。

教育在古代东方得到长足发展之后，便随着军事、贸易的交流对西方产生了影响。高度发达的东方文化对开始迈入文明世界的西方产生了强有力的推动作用，促进了希腊的文明化。

第二节　中国夏商周与春秋时期的教育

一、夏商周时期的教育

由于生产的发展、文化的积累和文字的形成，萌芽于五帝时期的学校教育在夏代渐趋专业和规范。学校教育将社会生产和军事训练活动中的优秀经验作为重要内容传授给奴隶主贵族子弟。经过夏、商、西周三代的发展，形成了体系完备的六艺教育。夏代和夏朝没有区别，是一样的奴隶社会教育形成时期，商代得到进一步发展，至西周则达到鼎盛阶段，到春秋时期就渐趋没落。商对夏的教育制度有所继承有所发展，周对商的教育制度也有所继承有所发展，西周教育就是在历史发展过程中形成且具有特色的典型代表。西周教育的特征和标志就是六艺教育，六艺既是教育内容的总称，也是一个时代文化精华的集中反映，它既强调道德精神，也强调刚健体格；既重视文事，也重视武备，包容有德、智、体、美多方面的教育因素，形成一种教育传统，对后世产生深远的历史影响。

三代教育实践经验的逐步积累，是教育理论产生的基础；阶级统治的需要，社会变革的需要是理论发展的动力。当时杰出的政治家为了治国育才的需要，已先后提出一些教育思想观点，指导官学的教育实践。到了春秋时期，社会发生大变革，出现文化下移的历史趋势，需要教育理论有重大发展。孔丘教育思想的产生有其历史的必然性，他继承三代教育思想遗产、六艺教育传统，他还具有诗、书、礼、乐的文化素养和私学教育实践经验，这些主客观条件，使他成为伟大的教育家、儒家教育理论体系的奠基人，他留下的内容丰富的教育思想遗产，成为中国封建教育思想的渊源。

（一）夏商时期的教育

1. 夏时期的教育

我国有历史记载可考的学校出现在 4000 多年前的夏代，经过一千多年的发展，到了战国时期，我国的学校教育达到了一个高峰，"稷下学宫"就是其代表。夏代已经建立了学校，《孟子·滕文公上》提到，夏、商、周"设为庠序学校以教之，庠者，养也，校者，教也，序者，射也。夏曰校，殷曰序，周曰庠，学则三代共之，皆所以明人伦也"。这里，孟子不仅记载了我国古代学校教育起源的情况，而且记载了当时教育的内容和宗旨。

"序"是射的意思。金文的"序"字，像人在"个"中射箭的样子，以表示习射之所。《孟子·滕文公上》记载："序者，射也。"夏朝的"序"是贵族及其子弟练习骑射的地方。夏朝的统治者非常重视军事训练，他们"为政尚武"，是武人专政，故有"夏后氏以射造士"之称。"夏后氏"就是指夏朝，而"造"就是培养的意思。由此可知，夏朝的"序"把练习骑射作为教育内容，含有武士教育的意义。

至于"校"，《说文解字》的解释是："从木，交声。"其原义为"木囚"，即用木头或竹子围成栏格作为养马之所，后来逐渐演变成为习武和比武的场所。《孟子》说："校者，教也。"夏朝的"校"同"序"一样，也是一种军事体育性质的教育机构。在这里，贵族及其子弟不仅受到内容相当广泛的军事训练，而且要通过十分严格的各项考核。"校"的出现在时间上要比"序"略晚一些，其教育意义则比"序"更大一些。所以夏朝的"校"，实际上是一种发展比较完备的军事体育性质的教育机构。

孟子说"庠者，养也"，这起源于远古先民们的养老护幼传统。远古祖先们要生存，就要捕鱼打猎，而老人孩子们行动不便就要留下来。那时氏族部落是聚集在一起的，先是穴居，后是构木为巢，无论哪种居住方式都留有公共用地。在公共用地上建有一所大房子，类似农村的祠堂，不过旁边建有羊圈，饲养着剩余的猎物——羊。古人宠爱羊不但是因为它易于驯养，而且羊皮还可御寒。这样公共用地便以养羊的"庠"命名，而老人小孩便在青壮年外出渔猎的时候在这里集中生活，这便是养老的由来。在这里老人们承担起抚养教育后生的任务，这便是我国古代学校萌芽的传说。

夏朝的"庠"虽然是从远古社会直接沿袭下来的。但是，二者既有联系又有明显的差别。因为，夏朝已经进入了奴隶制社会，形成了相互对立的两个阶级。奴隶社会的土地占有形式，是奴隶主阶级的"国有制"，这反映在教育制度上则是"学在官府"，夏"庠"是为奴隶主贵族开设的，养的是奴隶主贵族的"国老"和教育他们的后代。由此可见，夏朝的"庠",实际上是掌握在奴隶主贵族手中的一种统治工具。

对"庠""序""校"等字进行了解分析之后,我们发现孟子的这一段话表达了以下意思:

(1)夏、商、周三代都有学校,且有不同的称呼。夏朝称为"校",商朝称为"序",周朝称为"庠",而"学"是三代都用的称呼,所以在当时"学"与"校"是两个词,都指今天的学校。1912年以后,根据新学制,"学堂"一律改称"学校",并一直沿用至今。

(2)这些学校的宗旨就是"明人伦",换言之,让学生懂得道德伦理。"明人伦"是孟子提出的学校教育的目的。所谓"明人伦"就是"父子有亲,君臣有义,夫妇有别,长幼有序,朋友有信",后世也称为"五伦"。孟子着眼于处理好这五种最基本的人际关系,其目的在于维护上下尊卑的社会秩序和道德观念。

(3)当时学校教育的内容包括军事技能,但其目的并不局限于培养武士,而是"明人伦",说明当时的军事学习已经超越了实用的目的。

2. 商时期的教育

商代时期已经有了成熟系统的文字以及成文的典册,而在甲骨卜辞中发现有"教""学""大学"等字样,是商代已经有学校教育的明证。

(1)"庠"和"序"。商代保留了虞舜时期的"庠"和夏代的"序",并根据社会的发展状况进一步丰富内容、完善其教育职能,使之成为商代重要的学校形态。

商代的"庠"继承了一直以来养老的功能,不仅赡养各级官吏之老,而且将烈士之老、志士之老、庶人之老一并赡养。在"庠"中,人们接受关于敬老、养老的教育。在养老的同时,也向社会宣扬孝悌观念,进行社会教化。以孝悌作为"庠"的主要教育内容,一方面是效法前代的结果;另一方面也反映了商代社会的风俗和普遍追求。可见,孝悌作为传统伦理道德的核心观念在商代就已经基本确立,以后一直作为传统教育最基本、最重要的内容。

商代的"序"继承了夏代的习射内容,保留了为了国家的巩固和稳定培养武士的体育教育职能。随着政权的稳定,"序"的教育内容开始由体育扩展至礼、德等方面。如从射的方法、姿态中可以看出人的德行,因此要讲求射礼。在习射之余又增加了习礼的内容,有多种形式,既要明行为举止之礼,又要明君臣之礼、长幼之礼,由此商代的"序"成了习礼的重要机构。

(2)"学"。"学"是商代创立的新型教育机构,已出土的甲骨文中多次出现有关"学"的相关记载,可见,"学"在商代的规模可能比较大。据《礼记》记载,商代的"学"分为右学和左学,其中右学设于王城的西郊,为大学;左学设于王城宫殿之东,为小学。大学与小学的区别主要在于学生的年龄不同，其教育内容和教育要求也有相应的差异。这说明，商代的教育就已经开始注意到人的生长、发育具有阶段性特征并且进行了相应的区分，教育阶段的划分正是基于这样的认识。

从甲骨文中"学"字的写法上看，都有一个"爻"，即"学"最初可能是教授计数、记录等的机构，这些内容成为"学"的主要教育内容，说明商代的"学"已经具有了文化教育的意义。而且这些内容并非如生产技能一样为所有人掌握，而是必须由具有专门身份、掌握专门知识的人进行传授。此外，这一时期的"学"，地点更加固定，教育不再是随意、随地进行，而是有了专门的场所。专门的教者和专门的地点说明商代的"学"已经具有了早期学校的特征。

（3）瞽宗。瞽宗也是商代新建立的教育机构。"瞽"就是目盲的意思，顾名思义，瞽宗最早应当是赡养盲人的地方。盲人的听力一般较为发达，对音乐的感知能力较强，因此瞽宗之学以乐教为主。瞽宗之学的内容逐渐扩展，包含了乐教、礼教以及道德教育。

商代继承了前代的学校形式，同时根据自身的需要也创造出多种新式的学校，丰富了教育的内容，推动了古代学校教育的发展。商代的教育机构因为有了固定的教育场所和专门的教师，以礼、乐、射等为主要教育内容，以培养统治阶级接班人为目的，教育形式越来越固定，教育内容越来越丰富，教育目的越来越明确。尤其是"学"和宗，已经基本上具备了学校的特征，它们的出现可以视为我国学校教育的正式形成，这在中国教育史上具有深远的意义。

（二）西周时期的教育

1. 西周时期的"学在官府"

西周时期的教育可以用"学在官府"来概括。"学在官府"的"学"，从其本义而言，并不指学校，而是指学术、典籍等。到了西周时期，教育进一步体制化和制度化。换言之，学校教育越来越成为政府体制的一个组成部分，因而也建立了比较完备的学校教育制度。国家有文字记录的法制规章、典籍文献以及典礼用的礼器全都掌握在官府。教育的对象也以贵族子弟为主，即所谓"国子"，其目的就是培养治国的精英，可以说当时的教育是纯粹的政治导向。

"学在官府"的具体表现就是"政教合一"和"官师不分"。也就是统治机构与教育机构是合一的，政府兼有教育的职能；而政府官员身兼两职，也承担着教学任务。政事活动本身也就是学校教育的重要内容，学生在参与政事的过程中接受各种教育。

而教学内容则以礼、乐、射、御、书、数等六艺为主体。西周时期，学校的设置也相当体系化。具体而言，西周的学校可分为两类：一类是国学，一类是乡学。国学设于王城及诸侯国都。按学生的年龄与程度可分大学与小学。天子所设的大学，规模较大，有"五学"之称，即辟雍、成均、上庠、东序、瞽宗。其中辟雍是中心，四面环水。诸侯所设的大学，规模比较简单，半面临水，称"泮宫"。国学之外，又有乡学。乡学是地方学校，按地方行政区划分设立。由于地方区域的大小不等，学校也有不同名称，如闾塾、党庠、州序、乡校等。周制，天子与诸侯的领地都划分为国（都）与野（鄙）两部分。城外五十里内为近郊，百里内为远郊，郊内设六乡，以五家为比，五比为闾，四闾为族，五族为党，五党为州，五州为乡。

西周后期，随着政权的进一步稳定，学校教育的重心更加转向礼、乐。为适应上述转变的需要，在选拔教师方面表现了重文轻武的倾向。过去的教师多由武官兼任，现在换成了司成、乐正等，以执行者、典书者等为掌管文化的官吏，即西周后期的学校已不再重视军事训练，而变成了专门学习礼、乐的场所。西周的小学除学习礼、乐外，还要学习读、写、算的知识，但最根本的是学习"事亲敬长"的礼节。当时的统治者很重视"孝行"的培养，从小就形成恭顺服从的品格。

2. 西周时期的学校教育

夏商时期的各种教育内容，如体育方面的射、御，思想道德方面的孝、悌、忠、勇，文化知识方面的文字、计数等，在西周时期不断丰富，并逐渐形成以"六艺"为中心的教育内容。

"六艺"具体包括的内容存在着两种说法：一种是礼、乐、射、御、书、数；另一种是《诗》《书》《礼》《乐》《易》《春秋》。此两者在划分上虽稍有差别，但事实上都指向同一人性理想，只不过前者是以教育实践活动的种类来划分，后者是以固态化的经典种类来划分。

"礼""乐"是大学中最重要的课程。制礼作乐的主持人，是西周初年杰出的政治家周公。西周的"礼"教，主要是国家政治生活中的行为规范、操作技能及个人素养的训练，是贵族子弟必须具备的。

"乐"包括声乐、器乐和舞蹈。西周有乐德之教、乐语之教和乐舞之教。"乐"和"礼"紧密相连、互为表里，其教育作用也各有侧重："乐所以修内也，礼所以修外也。"意思是："礼"的作用在于约束人们的外部行为，具有一定的强制性；而"乐"侧重在陶冶人们内心的情感，使人们潜移默化。实际上，乐教主要是教礼仪中所要使用的乐，所以它又是礼教的组成部分。由此可以看出，在那个时期，"乐"是教化的一个不可或缺的组成部分，是受教育者必不可少的修养。

"射"指射箭，"御"指驾车，西周时文武尚未分家，贵族子弟都有从军作战的责任。除了战时必用之外，平时有些典礼活动中也要表演"射""御"，而且有一定的技术标准要求，所以也是贵族子弟必须掌握的。

"书"指读写能力，"数"指算术。读写算是学习一切文化的基础。西周已有供小学文字教学的字书。《汉书·艺文志》记载："《史籀》十五篇。"注曰："《史籀篇》者，周时史官教学童书也。"这是中国教育史上记载最早的儿童识字课本（今已失传）。

西周识字教学是按字的构成方法分类施教的，《汉书·艺文志》记载："古者八岁入小学……教之六书，谓：象形、象事、象意、象声、转注、假借，造字之本也。"这里的"六书"即"象形、指事、会意、形声、转注、假借"的造字之法。"数"的教育，是与"术"紧密相连的，故称"数术"。"数术"在西周有很大发展，西周时 6 岁儿童开始学数数。9 岁儿童学"数日"，指学习纪日法，先学甲子纪日，然后再逐渐加深。10 岁儿童开始学"计"，即计算能力的培养。后者包括学会使用"筹算"和"九数"的方法。

综上所述，西周国学的教育内容是相当丰富的，而以礼、乐、射、御、书、数等"六艺"为基本内容。"六艺"教育传统对后世封建社会的教育也产生了深刻的影响。

二、春秋时期的教育变革

（一）春秋时期官学的衰落

东周分为春秋和战国两个时期，这是中国历史上大分化的时期。当时，周天子的权威受到挑战，已经无力控制天下，进行有效的统治。因而，原来那一套维持统治的礼乐制度自然也得不到遵守，这就是所谓的"礼崩乐坏"。既然礼已崩，乐已坏，那自然就没有必要学习了，这其实就标志着官学的衰落。官学衰落了，人们的知识兴趣自然就要发生转移。

首先，转到了以前人们不能说、不敢说的方面。政治统治的削弱必然导致意识形态控制的松弛。过去，人们所学习、思考、表达的只能是以周天子为核心的统治阶级的思想，而现在各个诸侯国都有了各自不同的利益诉求，知识阶层当然要为这些诸侯国的国君服务了，所以就出现了众声喧哗的局面，这就是所谓的"百家争鸣"。他们有条件让社会听到自己不同于以往、也不同于别人的声音，表达和兜售自己的政治主张。

其次，转向了政治之外。西周时期"学在官府"，教育就是为统治服务，几乎是纯粹的政治导向。而政治已经不是知识阶层所思考的唯一问题了，也不再是教育服务的唯一对象，他们可以于政治之外从容地思考如哲学、伦理、道德等问题。这标志着知识阶层精神视野和思想胸襟的极大拓展，他们的思考开始具备了越来越浓厚的学术因素。

于是，因缘际会，出现了以孔子、墨子为代表的一批新型知识分子，他们以新的办学形式，聚徒讲学，从而成为创办私学、传播学术文化的先驱。

（二）春秋时期私学的兴起

私学的兴起，除以上所讲的原因外，社会的动荡和分化，也为私学的兴起创造了条件。

首先，在权力纷争中失势的没落贵族，携带王室所藏文献典籍奔流四方，这导致文献典籍流落民间和学术下移，出现了"天子失官，学在四夷"的局面，从而为私学的兴起提供了可供传授的知识，简单地讲就是现在使用的教材，使社会下层民众能够有机会接触文化典籍。

在当时的条件下，由于书写材料、书写工具的极端落后，同时也是出于统治的需要，很容易形成知识垄断的局面。当时的书写材料主要是简和帛。且不要说在当时落后的生产力条件下，丝绸制作的帛是多么昂贵，就是以竹子为材料的简，也并不容易得到。不能直接把文字写在竹子上，而是首先要对竹子进行分割、烘烤、成型等加工。所谓留取丹心照汗青，"汗青"在这里就是指对竹子进行烘烤时，竹子所蒸发出来的水分，后来"汗青"就代指书籍、史册。然后还要进行书写，这项工作必须由识文断字的人来完成，当时能够识文断字的人又很少，可以想象，他们能够抄写的书会非常少。书写完成之后便是打孔装订，用牛皮绳进行装订。"韦编三绝"这个典故说的就是孔子读书时将穿竹简的牛皮绳磨断多次。当时制作一本书费时费工费力，这是人们今天难以想象的。所以，文献典籍流落到民间绝不是一件小事情，它具有重大的意义。通过对这件事情的描述，我们要知道在学习历史的时候，一定要将历史事件还原到当时的历史环境中，这样才不至于以今人之心，度古人之腹。

其次，社会阶层的分化导致了新兴的"士人"阶层的出现。西周以前的社会等级是天子、诸侯、大夫、士和庶人。前三类是贵族，而"士"介于贵族与平民之间。春秋战国时期由于社会动荡，一批旧贵族沦落为"士"，将学术文化带到了民间。而一些平民因有条件接触到学术文化，而上升为"士"。通过部分贵族社会地位的下降，部分平民社会地位的上升，这样一下降一上升的双向运动，形成了一个不同于以往的知识阶层"士"，为教育的发展提供了师资。

官学的衰落和私学的兴起在中国教育史上产生了以下作用和意义：第一，打破了教育垄断，扩大了教育对象，推进了学术传播。第二，打破了政府对教育的控制，使教育成为一种独立的活动。第三，私学使教育内容与教育方式得到新的发展。在教育内容上，突破了以往"六艺"的范围，促进了新知识的生产和传播。在教育方式上，私学可以没有固定的教育场所，而以教师为中心，以学生主动求学为动力基础，办学具有相当大的灵活性。第四，私学的实践促进了先秦教育理论的发展。私学不仅造就了一大批卓有建树的教育思想家，如孔子、墨子、孟子、荀子、老子、庄子、商鞅、韩非子等，而且还出现了如《论语》《孟子》《荀子》《老子》《庄子》《商君书》《韩非子》等记载了大量教育思想的典籍以及《大学》《学记》等专门论述教育问题的著作，奠定了中国古代教育思想的基础。

总而言之，私学的产生和发展，是历史发展的必然，是教育制度上一次历史性的大变革。在特定的历史条件下，私学依靠自由办学、自由就学、自由讲学、自由竞争来发展教育事业，不仅符合历史潮流，也开辟了中国教育史的新纪元。

第三节　中国战国与秦汉时期的教育

一、战国时期的教育

周朝的教育经历了从官学到私学的转化，教育的重心由官府转移到了民间，中国的教育迎来了一个非常繁盛的时期，这一时期，很多学术流派如雨后春笋拔地而起，诞生了众多的思想家，迎来了一个思想界非常繁荣的时期。

（一）战国时期的养士之风

春秋战国时期，在激烈的竞争中，实力和谋略是制胜的根本，而人才又是增强实力和采取正确策略的关键。当时各诸侯国的国君，乃至达官显贵，都大开招贤纳士之门，如著名的"战国四公子"，即信陵君魏无忌、春申君黄歇、孟尝君田文、平原君赵胜。他们每人养士数千，凡有一技之长者就可能被网罗。诸侯国的国君和达官显贵把所器重的人才供养起来，以使他们为自己效力。这些被供养起来的人才，被称为"士"或者"门客""宾客""门人""食客"等。

早期齐桓公重用的管仲，秦穆公重用的百里奚，乃至后来的商鞅、孙膑、吴起、苏秦、张仪，都是出身于"士"而成为显赫一时的权臣。起初统治者只是发现贤士才予以任用，到后来则预先养士以供需要时派上用场。到了战国，先是公室养士，随后私门也养士。魏文侯、齐宣王、齐湣王、燕昭王等都是诸侯中养士的代表。高官贵族也致力于养士，秦国丞相吕不韦养士多达三千人。《吕氏春秋》就是他的门客所作。

"养士之风促进了春秋战国时期私学的进一步繁荣。养士的公室或私门，都像是一所私学或一些私学的集合体"①，但对教育发展影响最大的则是儒、墨、道、法四家私学。孔丘是儒家私学创始人，孔丘过世后，儒家内部派别中最有影响的是以孟轲为代表的"孟氏之儒"和以荀况为代表的"孙氏之儒"。墨家私学创始人是墨翟，"墨家私学初创时声势甚大，据墨翟自称有门人三百，颇有抗衡儒家之势"②。墨翟讲学于北方各国，故有"北方贤圣人"之称。在南方各地和西方秦国，也有墨家的活动。道家私学产生在春秋末期，盛行在战国时期，道家是一个思想异常活跃的学派，以独特的思维方式去分析社会和文化教育。早期法家是早期儒家陶冶出来的。孔丘死后，其晚辈高足子夏来到魏国，在西河讲学，有弟子数百，这就是有名的西河学派。在子夏的弟子中，就有被人称为法家真正肇始人的李悝及吴起等人。战国初期魏国集中了一批受儒家思想熏陶的法家人才，魏国因之而强。正由于子夏与法家的关系，所以《韩非子·显学》不将他列入儒家诸派之中。商鞅的出现，意味着法家的成熟。商鞅重"耕战"和"燔诗书而明法令"的主张指导秦国变法取得成效，并开了韩非子思想的先河。

（二）战国时期的稷下学宫

稷下学宫建于战国时期齐国都城临淄的稷门之下，是齐国统治者设立的国家养士机构。凭借国家的财力、物力养士，绵延达一个半世纪之久，几乎集中了当时各家各派的学者。稷下学宫的独特之处在于，它虽然是齐国官办，但是政府对它却采取了"思想自由、学术独立"的学术政策，它实际上就是许多私学的集合体。

1. 稷下学宫的性质

（1）稷下学宫是由官家举办而由私家主持的特殊形式的学校。由于学宫是由养士制度发展转化而来的教育机构，并且始终不改变养士、用士的基本目的，这就决定了它是由齐国官方出资举办的学校，从这个意义上表示稷下学宫是官学。稷下学宫的初创是出于田齐政权"招致贤人"的目的。稷下学宫具有官办性质。事实上，像稷下学宫的这种凡游学者皆来者不拒的"包下来"做法，非由官办而不能行。数量可观的大师及其学生、高门大屋，构成了可容纳上千师生规模宏大的齐国学府，也是战国时代的最高学府。这种规模的养士使任何国家公室和私门的养士都相形见绌。所以，从主办者和办学目的来看，稷下学

---

① 白毅. 中国古代教育史概要 [M]. 西安：西安交通大学出版社，2018：25.
② 林琳，孙丽荣. 中国古代教育史 [M]. 哈尔滨：黑龙江人民出版社，2006：39.

宫是官学。

同时，因为稷下学宫是由养士制度发展演变而成的教育机构，它保持了充分尊重士人之所学，不加干涉与限制的风范。稷下学宫的教学和学术活动，由各家各派自主，齐国官方并不多加干预。从此意义上又可以说稷下学宫是私学。学宫的重要特色是容纳百家、思想自由。当时稷下曾先后存在过儒家、道家、法家、名家、阴阳家，和可能存在过墨家、农家，以及博学而无所归属的学者。各家各派都在稷下得到过比较充分的发展，先后称雄一时。这一事实说明，齐国统治者只是为稷下的学术活动创造了物质条件，各家各派在学术上的发展则都是各学派自己的事。因为学派自主，才会有百家之学的竞争。正是因为稷下学宫在学术上的私学性质才保证了它在学术上的繁荣。

总而言之，稷下学宫的官办决定了参与其间的各家各派具有一个共同特点，即都以现实的社会、政治问题为务；稷下学宫的私家主持，导致了思想自由、学术繁荣和人才竞出，而正是这一点，保证了统治者办学目的的实现。

（2）稷下学宫是集讲学、著述、育才活动为一体的高等学府。

第一，讲学。春秋战国时期的私学通常都允许教者可以自由择徒，随处讲学；学者可以自由择师，随处求学。稷下学宫是一个十分集中的游学场所，其讲学活动十分兴盛。因为稷下各派同时是一个个教育团体，通过讲学实现学术思想的嬗递和后继人才的培养。同时，由于各学派集中居于一地，客观上使学者可以跨越学派门墙，广泛求学，学无常师。甚至在稷下还有定期的学术集会。稷下学宫的讲学已经超出了春秋战国时期一般私学讲学的水平，体现了高等学府讲学的特色。

第二，著述。稷下学宫的重要特色是学术性，学术性一方面表现为各家各派的讲学和思想交锋；另一方面是表现为著书立说。稷下学者留下的著作堪称宏富。除学术风格鲜明的各家子书外，稷下还留下了一些集体劳动的学术成果。例如，《管子》托名管仲所作，实则是一部以法家为主的稷下先生的论著汇集，故人称为"稷下丛书"。稷下先生积极著书立说，与讲学与争鸣互为因果、互为表里，从另一个方面展现了稷下学宫作为高等学府的特色。

第三，育才。稷下学宫罗致了当时中国绝大多数的学派，而来稷下的学派又均有本学派的从学弟子。这些私家学派通过大师的著述和讲学，培养学派的传人和时代所需要的各种人才。但稷下的育才又并非仅仅是这些私家学派育才易地于稷下而已，作为一个有实体意义的教育机构，稷下学宫本身在育才上也是有作为的。例如，《管子·弟子职》从饮食起居到衣着服饰，从课堂教学到课后修习，从尊敬师长到个人修养等诸多方面规定了学生必须注意的事项，如此完备的学生守则，表现了稷下育才的目的性、计划性和组织性，从教育管理方面保证了人才培养目标的实现。而稷下学宫的学派共处和百家争鸣创造了人才培养的良好学术环境,这是任何私家学派都难以创造的。

因此,严格的教育管理、浓厚的学术氛围、良好的物质条件,共同创造了一个人才成长的大环境,这就是稷下学宫的整体优势。而且,稷下也确实人才辈出,在战国中后期的政治活动和学术活动中,几乎处处可见稷下先生活跃的身影。如善于出谋划策、排难解纷的鲁仲连,博采众家之说的荀况等,都是稷下培养的出色人才。尤其是稷下造就了一个杰出的知识分子人才群,显示了中国古代知识分子的独立性和创造精神。所以,稷下学宫通过政治人才和学术人才的培养,发挥了高等学府的作用。

第四,稷下学宫还成为一个事实上的咨政议政机构。议政干世是当时几乎所有私家学派的特点,而稷下学宫的不同之处在于它为各家学者专门提供了一个固定的议政论坛。实际上是通过稷下学宫为齐国聘请召集了一批高级学术和政治顾问,这些学者说威王、谏宜王、劝湣王,成为齐国的谋士。因此,稷下学宫的政治色彩十分鲜明,干政议政作用较为突出。

2. 稷下学宫的特点

(1)学术自由的特点。稷下学宫容纳百家,欢迎游学,来去自由。既允许个别游学,也允许集团游学。学宫内各位先生之间也允许学者求师来去自由,从其所愿,甚至可以尽弃旧学而从新说。这种流动的游学制度使稷下学术的内部各学派之间、稷下学术与各国学术之间,不断处于交流状态。

相互争鸣与吸取是学术自由的又一种表现。战国时期的政治多元化使百家论辩成为风气。稷下集中了各家学者,更易产生论辩。稷下也颇出了一些雄辩之士,创造了稷下学术论辩的兴旺局面。这种论辩既有个别的辩,也有大规模的辩;既有先生与先生的辩,也有学生与先生的辩;既有学派内部的辩,也有学派之间的辩;既有理论问题的辩,也有现实问题的辩。此外还有稷下先生与齐国当权者的辩。如此集中的学术论辩促进了思想的活跃和学术的繁荣,也使稷下学宫成为战国百家争鸣的缩影。

学术论辩带来稷下诸子学派的吸收、交融和分化、嬗变。到过稷下的不少学者和学派因此都表现出兼收并蓄的特点。道家黄老学派颇为典型。这是稷下的主要一派,人数多、影响大,内部派别众多,倾向复杂。

(2)待遇优厚的特点。稷下学宫发扬了礼贤下士的风格,给稷下学者以非常优厚的待遇。"不治而议论"是齐国君主给予学者们的很高政治待遇,因为学者所看重的更是自己的思想主张能否被接受,人格是否受尊重。齐国君主在尊重学者这一点上确实做得很充分。齐宣王当政时齐国势力强大,却能向士人折腰求做学生,可见是如何礼遇士人了。正由于此，致使天下学者竞相来齐。每当齐国生死存亡关头，总会有稷下先生挺身而出。齐国之所以能成为东方强国，重要原因就在于能得人。对稷下先生优越的物质待遇甚至惠及其弟子，也是稷下学宫能长期兴盛的重要原因。稷下学派学者云集，也就不足为奇了。

二、秦汉时期的教育

（一）秦代的教育

秦是我国历史上第一个中央集权的君主专制主义的封建王朝，自秦始皇兼并六国、统一天下后，为了进一步巩固统一局面，在政治、经济、文化上采取一系列措施，将法家思想贯彻到社会生活的各个方面。秦代在文化教育方面，将法家的"壹教"思想发挥、推广到极端的地位，采取了"书同文""行同伦""设三老以掌教化""颁挟书令""禁私学"等一系列文教政策，使文化教育为巩固中央集权的专制政权服务。

1. 秦代的博士制度

秦代没有设置专门管理教育的职官，与教育关系相对比较密切的，当推博士。博士官在战国时已经出现，但尚无定制。秦统一后建立官制，博士才正式成为政府中的固定职官。据《汉书·百官公卿表》云："博士，秦官，掌通古今。"博士即博通古今之士。这些博士不专限于治六经，学术上有一专长即可得为之。秦代博士有不少是儒生，也有各种文学、方术之士。博士没有专职行政事务，他们作为专家、学者，主要起咨询、顾问的作用，都曾受秦始皇器重。秦代博士是掌《诗》《书》和百家之语的，与教育管理关系密切。秦代焚书的禁令不施于博士执掌的书籍文献，但在当时文化专制主义的高压政策下，博士不可能自由地开展学术研究，也不能招揽生徒自由讲学。

2. 秦代的吏师制度

吏师制度虽然起源于西周"官师合一""学在官府"的教育管理制度，但它的指导思想却出自法家的"以法为教，以吏为师"。秦代禁绝私学、焚毁民间藏书，士民唯一可学的只有国家的法令，教育者必然是执法的官吏。李斯主张，天下已定，法令出一，百姓当家则力农工，士则学习法令群禁。若有欲学法令，以吏为师。这些主张得到秦始皇的认可，成为秦王朝的一项基本文化教育政策。

吏师制度是秦代培养官吏的主要方式。秦统一六国之前，在政府机构就设有专门训练吏员的"学室"。秦律规定非史子也，毋敢学学室，犯令者有罪。"史"即在秦国政府机构中从事文字工作的低级文吏。由此可见，秦很早就存在"学室"，入学的弟子必须是

"史"之子，学习的目的是培养刀笔小吏。秦还专门制定《除弟子律》，就学吏弟子的管理、任用办法作具体规定。湖北云梦县睡虎地出土的秦简中，尚有一篇《为吏之道》。据有关学者推测，这可能是"学室"中供吏师弟子学习的文化课本和政治课本。

（二）汉代的教育

汉朝教育不仅确立了儒学在中国封建社会教育中的独尊地位，同时也在教育制度、设施、内容、形式等各个方面都为后来整个封建时代的教育奠定了坚实的基础。中央太学和地方官学的设立为中国封建社会的官办学校制度提供了基本框架。私学中的书馆和经馆不仅是对春秋战国时期私人讲学传统的继承，实际上也是后来私塾、书院的历史渊源。中国封建社会教育的基本特征在汉朝已初步形成，如教育的政治伦理化、养士与选士的紧密结合，以及儒学对各科教育的支配性影响等，在汉朝教育中已初见端倪，有的已得到制度上的保证。

1. 独尊儒术与经学教育

汉武帝采纳董仲舒对策中的建议，为确保儒学的"独尊"，采取了若干措施。武帝建元五年（前136），"置五经博士"，将原先各家学说和各类技艺均设有的博士缩小至只掌儒家"五经"（《诗》《书》《礼》《易》《春秋》）范围。元朔五年（前124）又由官方为博士配置弟子，变私家养士为国家养士，专授经学。元光元年（前134）察举选官常制开始后，察举科目和取士范围虽有所扩大，但主要以儒术取士，在选举考试中儒家学者受到特别优待，儒术成为国家培养和选拔人才的主要标准。与此同时，以"经术饰吏事"，逐渐成为汉代的政治风尚。凡皇帝诏书，群臣奏议，莫不引经义以为依据。这一切自然就决定了儒学无可争辩地取得了独尊地位。

在汉朝初期，经籍传授主要发生于民间私学。由于缺乏统治者的扶植支持，影响毕竟有限，所传学说也易流于自生自灭，如当时叔孙通的《礼学》，陆贾的《诗》《书》学都未能流传后世。在"罢黜百家，表章六经"成为国策后这种状况已彻底改观，经学由此蓬勃发展，先后形成了今文经学和古文经学两小学派。经学的研究和传授的主要形式是"章句"。所谓"章句"，即对先秦儒家经典分章节、断句读，并加以解释。这种依经籍篇章结构来阐明经义的说经方式，是学校教育中的主导形式，之所以能在学校教育中成为主导形式，是有着历史原因的。因为上古传下的经典无段落标点，这就使分章断句成为理解经义的必要前提。可见，章句实际就是用于传授经籍的讲义，经师依原经句、段逐一解说，渐形成稳定的解说形式和内容，由于层次分明、结构严整、叙说畅达，方便了经师的教学和弟子的理解，也有助于记忆和传播。

据《汉书·艺文志》载，最早成书的章句，当推《尚书欧阳章句》，但章句形式使用于教学，时间要早得多。《后汉书·徐防传》称："发明章句，始于子夏。"可能在战国时期私家学派的传授中，已经采用这种方法了。西汉初期，随着搜集、整理散逸的典籍文册工作的进行，章句之学也发展起来，当儒家经学列为学校教育内容，研习讲授者日众，章句学也更见发达了。

章句学一方面有利于经学的传授，另一方面也造成了内容烦琐和叙说刻板的弊病。经师依据原本经书逐字、逐句、逐段、逐篇地讲析综述，加上广征博引、详密考证、阐发心得，致使章句容量日趋庞大繁杂，竟有释经文一二字而达数十万言者，原本是传经方便工具的章句由此走向其反面，成了学习者沉重的负担。同时，章句之学在传经时唯以恪守原文形式，不突出难点、重点，也不注重内容的整体连贯。学习者被束缚于章句的烦琐刻板、视野狭窄、思维呆滞、缺乏创造和变通。特别是章句传授要严守师法、家法，这又从学派和门户观念上严重限制了师生的思想，逐渐暴露出经学教育陷入了难以解脱的危机之中。

如果说章句之学是汉代经学教育的主要形式，那么守师法、家法又是汉儒传经的基本原则；春秋、战国时期，书写材料依靠竹木简册，得之甚为不易，学说的传播在很大程度上得自口授耳受，因此教育唯赖师传，自学无法进行。在这种情况下，教师具有绝对的权威性，荀子所以抨击"不是师法而好自用"的现象，主张"以师正礼"，就是因为教师在当时是文化知识、道义德操的活载具。颜师古称："有始师乃有师法。"所谓"师法"就是宗师的经文（或经说），为后代弟子所共同尊奉。师法是传授、运用经籍的最原始、最重要的依据，当然它也就成为衡量正确与否的基本尺度。博士既为经学的官方权威，其师法更为重要。五经博士初立，就择师承最严、影响最大的经师和学派而设。这类博士的师承渊源有的可上溯至孔子嫡传弟子（如《诗》《公羊春秋》为子夏，《易》为商瞿），可见其权威程度。

在书籍刻写繁难的特定条件下，恪守师法能保证经籍准确流传后世，也体现治学有依的严肃态度，促进人们求师问学，重师敬道。但师法所表现的宗派倾向、门户之见，也隔断了学术交流，造成了学术视野的狭隘。师法虽要求谨守成说，但在长久的传经过程中先师经说总会被后代弟子加以充实、发展和完善，到一定阶段遂形成一家之说，且得到学界和朝廷认可，这便形成了"家法"。所以，有学者称："先有师法，而后能成一家之言。师法者，溯其源；家法者，衍其流也。"可见"家法"是对原有"师法"的创新和突破，但这一突破仍被局限于同门师传的系统和框架内，况且家法一旦形成，又必定为后代弟子所遵循。这说明师法、家法都有拘于成见、思想僵化的弊端。

占据博士职位的今文学派，利用师法、家法排斥异己，唯我独尊，这造成非博士师传系统的古文学派不满，起而谋取正宗地位，遂演变为今、古文经学之争。汉初无古文经学，武帝末，鲁恭王刘余毁孔子旧宅盖宫殿，发现壁中藏有用古文写的《尚书》《礼记》《论语》《孝经》等数十篇。又有河间献王刘德也向朝廷献其所得古文经传。古文经为古代篆文所写，今文经为汉代隶书所抄。两种经书不仅书写字体不同，字句、篇章、解释及所记古代制度、人物评价也多有异处。汉武帝立大学，置五经博士教授弟子，所授经书都是今文经。今文经主张"微言大义"，东汉后，多和谶纬结合。谶"诡为隐语，预决吉凶"，纬（相对经而言）假托神学，解释符瑞。旨在维护封建大一统。由于为朝廷所尚，盛行于世。西汉中叶后，因拘于师法、家法，流于烦琐诞妄，影响渐衰。古文经传藏于汉代秘府，不立官学，仅于民间私家传授。西汉末年，刘歆欲立《左氏春秋》《毛诗》《逸礼》《古文尚书》诸古文经，遭今文经博士反对。汉章帝时，贾逵作《长义》为古文经张目，汉章帝接受贾逵主张，诏诸儒选高才生师从贾逵，学习《春秋左氏传》《春秋谷梁传》《古文尚书》《毛诗》，四经遂行于世。古文经学训诂简明，不凭空臆说，偏重名物考证，致力于考古学和文字学。服虔、马融等经学大师都推尚古文，马融以古文经学授郑玄。郑玄倾心于古文经学，又博采今、古文各家经说的精华，融以己意，构造出新的经学体系，最终消除了今、古文之争。

2. 汉代的学校教育制度

西汉初期，官学系统不够健全，汉武帝实施"独尊儒术"政策后，引发了对学校教育的高度重视，使西汉的学校教育系统趋于完善，并为整个封建社会的学校教育制度奠定了基础。

汉代学校可分为官学和私学两大系统。官学又可以分为由中央政府直接主办的中央官学和由地方政府办理的地方官学。有官办、有私立，有部属院校、有地方院校，和今天的情形有点类似。

中央官学主要有三种类型：一是由太常并通过博士直接管理的太学，太学为国家的最高学府和全国学校的典范；二是由宦官集团办理的鸿都门学，为具有专科性质的特殊的高等教育机构；三是专为皇室和外戚设置的宫邸学。

地方官学有学、校、庠、序等，其中由郡国所举办和管理的称"学"，由县道邑所设置和管理的称"校"，由乡与聚设置和管理的分别称"庠"和"序"。私学按其程度与学习内容也可分为经馆与书馆两类：其中一类是由经师讲授专经的经馆，称"精舍""精庐"，其程度相当于太学；一类是教授读、写、算等基础知识的书馆，属初等文化启蒙性质的蒙学。

第四节　中国魏晋南北朝时期的教育

魏晋南北朝时期由于社会动荡等原因，官学时兴时废，教育是不景气的。由于当时社会文学、史学、自然科学发达，导致儒学不振，退居次要地位，但由于经学地位的削弱，官学教育中也出现一些新事物，为隋唐建立完备的官学制度做出准备。

一、魏晋南北朝时期的教育特征

（一）国子学与太学并立

西晋时期，在统治阶级内部形成一个贵族阶层——门阀世族。咸宁二年（276），晋武帝另立国子学，这是中国古代在太学之外专为保证门阀士族受教育的特权而建立的。咸宁四年（278）设置国子祭酒、博士各一人，助教十五人，以教生徒。惠帝时规定五品官以上子弟入国子学，六品以下子弟入太学。"贵族士庶皆需教"的体现就是各朝中央官学，都是国子学与太学的并立。西晋国子学是我国古代于太学之外专为世族子弟设学之始，这是门阀世族享有特权在教育上的反映。

（二）郡国学校制度的建立

郡国学校制度的建立是在北魏时期。这一时期，由于政局相对比较稳定，北魏统治者又重视经学，不仅设立了国子学和太学，献文帝天安元年（466）还普遍设置了州郡学，并建立了郡国学校教育制度。按郡的大小规定了博士、助教和学生的人数编制，实际上确定了学校的规格，由此可见，中国郡国学校制度的建立自北魏开始。

（三）专门与综合学校开设

我国古代法律分科设学始于三国魏明帝置律博士，主要教授刑律，招收律学弟子。后秦姚兴、梁朝武帝也设置"律学"。晋武帝立书博士设弟子员，教习书法。我国医学专科教育始于南朝宋文帝元嘉二十年（443），也是世界上最早的医学专科学校。北魏也曾设医学博士以教弟子。南朝宋文帝元嘉十五年（438），下令在京师开设"四学"，南朝宋元帝元嘉年间分设四馆，即玄学、史学、文学、儒学这"四学"，这对隋唐的专科学校和分科教学制度的发展具有开创性意义，是我国最早的分专业的综合学校。

二、魏晋南北朝时期的人才选拔

魏晋南北朝时期士人入仕的途径包括：①察举征辟；②通过考试入官学再入仕；③世袭或是由吏员升迁。其中，最重要、最有时代特色的当属九品中正制，九品中正制是魏晋南北朝时选举制度的主体。这一官吏选用法以一品到九品共九个等级作为担任官职的依据，因此，也称为"九品官人法"（后来也称为"九品中正制"）。后来，曹丕接受汉献帝的禅让，建立了魏王朝时，其重臣陈群建议根据个人才能和德行将汉朝官僚吸纳到新政府中，曹丕接受了其建议，推行九品官人法。此后，九品官人法也成为整个魏晋南北朝时期一直采用的选士制度。

九品官人法这种选士制度改变了汉代所实施的以秩 100 石、秩 2000 石等为秩禄的等级制度，将中央官职分成了一品至九品的级别，称为"官品"。在地方的郡中设立中正官，令其对该郡出身的现任官吏或有希望出仕为官之人，在乡里舆论的基础上进行调查，将其才能和德行的高下，分为与官品相仿的一品至九品，向中央报告，这被称为"乡品"。中央根据中正官的报告选用人才，授予其九等乡品所对应的合适的官品职位。

九品官人法在汉魏革命实现后仍继续使用，随后演变成专门适用于地方豪族或贵族的子弟最初担任官职即所谓的起家时的一种制度。相应地，原则上以低于乡品四等的官品起任，例如，乡品二品的人从六品官起家，最终升迁到与乡品同级的官品。

魏晋南北朝时期适逢各地豪族顺应东汉末年以来的趋势，努力扩大各自势力并在上层豪族中形成特权的贵族阶级之际。九品官人法这一起家制度，正是在这样的背景之下产生的。九品中正制在发展之初，还是一个很有活力的新生事物，并不存在后来重家世、轻才能的现象。此时对官员的评定，或重平时的德行，或重之前的功绩，加之当时人口流散，家谱尚未成型，因此也少有倚仗家庭背景者，多是能者居之。

九品官人法的初衷是为了根据乡里的舆论，按才能和德行选拔人才。然而，贵族豪族阶层依靠这个制度，在中央和地方不断巩固其磐石般的势力。贵胄①子弟不屑学习，整天谈论的是虚玄，且以清谈为荣，而仅凭记录宗族世系的谱牒，就能封官晋爵。这种不平等的社会现实给庶族知识分子带来更大的刺激，也直接影响了他们学习的积极性，对当时教育的发展也起了一种阻碍作用。

到了南北朝时期，士族势力日趋下降，寒人势力逐渐上升。在彼消此长的社会大变动中，寒人地主参政的机会日益增多。代表寒人地主利益的皇帝又通过考试等手段，甚至用

---

① 贵胄即贵族的后代。

不设中正的办法抬高寒人，压制士族。例如，南朝宋齐两代考试有孝廉、秀才两科，梁、陈两代还增设出了高第科、明经科等，而且在制度上也更加严格。世族反对考试，即使勉强考试，也多"顾人答策"。

北魏和北齐皇帝曾亲临朝堂考问秀才孝廉。尤其北齐，在考试中要求很严，皇帝经常坐朝堂监考秀才，发现有错别漏字者，即点名训斥，罚退站在席后；凡字迹不工整者，即罚饮墨水一升；凡文理欠通者，夺去座位并解下佩刀。这是皇帝利用考试集中取士的一种方式，也是后世科举殿试的先声。随着士族制度的瓦解，推行了三个多世纪的"九品中正制"逐渐失去了自己的支配地位，科举制度正逐渐走向成熟。

第五节　中国隋唐、宋元、明清时期教育

一、隋唐时期的教育

隋唐五代时期，经济繁荣、文教发达，隋文帝时在中央设立国子寺。国子寺设置祭酒作为长官，专门管理所属各学，这是我国设立专门的教育行政部门和专门教育长官的开始。隋炀帝大业三年（607），改国子寺为国子监。在国子监中设有国子学、太学、四门学、书学、算学。此外，在大理寺还设有律学。

唐朝在隋朝的基础上，中央设有国子学、太学、四门学、书学、算学、律学六学。六学中的国子学、太学、四门学属于普通学校，学习儒家经典；书学、算学、律学属于专科学校，书学研习书法，算学学习历算，律学学习律令，以上六学归国子监统领。国子监设国子祭酒1人，为最高教育行政长官；祭酒之下设司业2人，助祭酒掌邦国儒学训导之政令。设丞1人，管理六学学生的学习成绩；设主簿1人，负责文书簿籍，掌管印鉴。

此外，还设有崇文馆、弘文馆和医学。崇文馆归东宫直辖，弘文馆归门下省直辖，这"二馆"为收藏书籍、校理书籍和研究教授儒家经典三位一体的场所。医学亦属专科性质，直辖于太医署，不归国子监管辖。唐太宗时，中央和地方都创办了分科较细的医学，这比西方要早许多。崇玄学隶属于祠部，学习《老子》等。

唐朝学校在中央设立"六学""二馆"之初，学生总数为2200多人。到了太宗贞观年间，扩充学舍，增加学额，学生增加到3200人，后来又逐渐发展，学生增加到8000余人。从贞观到开元，国力最强盛，也是学校最发达的时期。唐朝在各府、州、县分别设有府学、州学、县学，在县还设有市学和镇学。学生的名额和教师编制都有专门的规定。地

方学校主要学习儒家经典为主，所有府州县市各学校统统属直系，归地方政府之行政长官长史兼管。各府州还有医学和崇玄学，分别由中央太医署和礼部之祠部领导。地方学校学生的毕业考试由长史主持，合格者由其于每年冬季报送尚书省参加科举考试，亦可以升入四门学，这是地方官学向中央官学选送学生的开端。地方学校的教师除教学外，还有服务地方、推行教化的任务。

（一）束脩制度

中国古代自孔子开始，学生初入学拜见教师时总要带一些礼品作为见面礼，表示对教师的尊重，这种行为叫作行"束脩之礼"。从唐代开始，这种礼仪被朝廷明文规定下来，成为一种制度。交纳束脩的多少，根据学校的等级不同而不同。例如，国子学和太学的学生每人送绢3匹；四门学的学生每人送绢2匹；律学、算学的学生每人送绢1匹；地方的州县学生亦送绢2匹。此外，学生还须赠送酒肉，数量不限。束脩的分配原则是三分送给博士，二分送给助教。由此，束脩就从原来的见面礼，变质成官学教师的固定收入项目。

（二）教学管理制度

1. 教学计划

学校的教学计划服从于科举考试的要求。当时把儒经分大中小三类：大经为《礼记》《春秋左传》；中经为《诗经》《周礼》《仪礼》；小经为《易》《尚书》《春秋公羊传》《春秋谷梁传》。学生可以按规定选择相应的儒经来学习，标准有"二经"（学一大经一小经或二中经）、"三经"（学大中小各一经）和"五经"（大经全学，其余各选一经）等层次。《孝经》《论语》则为公共必修科目。

另外，学校对各经还规定了修业年限：《孝经》《论语》共学1年；《公羊传》《谷梁传》各为1年半；《易》《诗》《周礼》《仪礼》各为2年；《礼记》《左传》各为3年。书学除研究书法外，每日习书法，学《石经三体》（3年）；《国语》《说文》（2年）；《字林》（1年）；算学学习《孙子》《五曹》《九章》《海岛》等；律学习律令。需要注意的是《论语》《孝经》是书学、算学和律学的公共必修课。

2. 教师管理

中央官学的教师有博士、助教、直讲等，博士分经进行讲授，助教佐博士、直讲佐助教。各学师生皆有定额，如国子学博士7人，助教、直讲各5人，学生300人，师生比是1：25。太学、四门学师生比例则分别为1：45和1：72。博士、助教既是学校教师，又为朝廷有品级的官员。例如,国子学博士是正五品上,助教则为从七品上,其他六学的教师等级和待遇依次减等。地方府、州学的教师品秩多在八品和九品。教师的待遇,最高收入和最低收入可相差近 10 倍。唐朝对教师与国家其他官员一样实行定期考核,主要考核其业务、品德及教学效果,根据考核的结果决定升迁、奖励,如由四门学助教升为太学助教等。

3. 学生管理

唐朝官学已有考核、毕业及奖惩的明确规定。考试分三种:旬考、岁考、毕业考,具体内容如下:

(1)旬考、岁考由博士主持。旬考考查学生十日之内所学习的课程,包括诵经 1000字,讲经 2000 字,问大义 1 条,笔试帖经 1 道。获得 3 分为通晓,2 分为及格,不及格的有惩罚。

(2)岁考是考一年以内所学习的课程,口问经义 10 条,通 8 条为上等、6 条为中等、5 条为下等,下等为不及格,须重习(留级)。重习后岁试仍然为下等则罚补习 9 年,如果仍不及格,则令退学。官学的学生在学期间一律享受公费,包括衣服、膳食都由朝廷和地方政府支付。学生考试成绩不佳,有"停公膳"的处罚;学业、品行皆佳者则给予奖励。凡六学学生操行过劣不堪教诲的,科考连续落第或 9 年在学无成的,违反假期规定不返校或作乐杂戏的,都令其退学。

(3)毕业考试由博士出题,国子祭酒监考。考试及格即取得应科举省试资格,如欲继续求学,四门学的毕业生则补入太学,太学毕业生则补入国子学。不过这种升格法并未加深其学业程度,只表示提高其地位。

另外,官学还有放假制度,经常性的为"旬假",即在每次旬考后放假一天。季节性的为"田假"和"授衣假",田假在阴历五月农忙时,授衣假在阴历九月预备换冬装时,每次各放假一个月,准许学生回家探亲。家距学校路程较远,或家有大事,还允许酌情延长假期。但已予延长而逾期过多,则令其退学。

(三)入学资格与学习年限

儒学各学招收 14—19 岁子弟(律学为 18—25 岁)。所学课程相同,程度相当,地位的高低是由学生的身份等级决定的。"二馆"限于皇亲贵戚和高官、功臣子弟,等级最高,学额最少,共 50 人,而实际教学程度并不高。首先,"六学"中以国子学地位最高,学生是三品以上官员的子孙,学额 300 人;其次,是太学,学生限于五品以上官员的子孙,学额 500 人;最后,为四门学,学额 1300 人,其中 500 人招收七品以上官员的子孙,另 800

人选八品以下官吏子弟乃至庶民中的优异之人，凡各州贡举进京省试落第的举人，也可进入四门学学习。书学、律学、算学是专科性质的学校，招生对象同四门学，但学额较少，都在 50 人以下。中央和地方学校一般学习年限为 9 年，书学、律学学习年限为 6 年。

总而言之，唐朝的官学是官学制度发展的典范，它所具有的一些特点直接影响了后期官学制度的发展。

二、宋元时期的教育

（一）宋代时期的教育

1. 宋代时期的文教政策

对于宋代教育的学习，要重视两个重要的背景因素：一是中央集权制的强化；二是理学的产生，在此背景下宋代的教育制度更趋健全，教育思想更加理论化、系统化。

唐朝是中国历史上的盛世，但是从晚唐开始经过五代十国，然后到宋朝建立，中间历经了两百年，社会秩序混乱。加强中央集权制需要政治、经济、教育等领域都采取措施。宋太祖重视文治，号召将领学习文化知识，掌握治国的方略。学文化的首选是儒家，因为儒家讲究伦理纲常，尊孔崇儒就是宋代文教政策的核心，因此，在教育和科举考试中不断强化经学的地位。唐朝重视诗赋，科举考试主要考文学创作，写诗作赋。宋朝初年和唐朝相同，没有过多的改变，后来调整了教学大纲和考试内容，要求不能只会文学创作，要研读儒家经典、遵守周朝和孔子所制定和推崇的所谓礼制。

要学习就得有教材，所以皇帝下令让国子监刻印唐代孔颖达编著的《五经正义》作为统编教材，五经就是《诗经》《尚书》《礼记》《易经》《春秋》。后来这套官方教材不断完善，形成了《十三经》。经学教育的加强，使得崇儒重教之风更广泛地渗透到了社会生活的各个角落。教材编好了，还需要有先进的印刷技术。宋代之所以能够大规模推广统编教材，有一个重要的技术支持，那就是雕版印刷术的普及应用，宋代图书印制已十分发达。

另外，国家设立了专门进行图书收藏、整理、校勘、研究的官方机构——三馆（昭文馆、史馆、集贤院），收藏图书一度达到 8 万余卷。国子监既是最高学府，也是宋代官方教材的编辑审定印制中心。（国子）监本《九经》是中央官学及各地学校通用的经学教材，也是科举考试用书。国子监所藏的书板，宋初不过 1000 余板，到宋真宗景德二年（1005）已达 10 余万板，45 年间增加了百倍。图书事业的繁荣发展，为教育的普及推广和知识的传播提供了便利的条件。

显然，由于一般的士庶之家都能得到图书课本，因而也具备了读书学习的条件，这为宋代教育的普遍发展奠定了基础。

2. 宋代时期的官学制度

官学的改革历来都是围绕着培养人才和选拔人才这两个教育中最主要的元素而展开的。一般而言，学校教育培养人才，科举制度选拔人才。在一定条件下，两者可以相互促进，形成良性循环。但隋唐以来，两者（学校和科举）开始殊途而行。执政者日益重视科举制度而忽视学校的发展，导致科举制度固有的不足充分暴露。早在唐朝就已经有一些人主张将科举考试与学校教育紧密联系起来，提倡兴学以育才，但这个建议并没有得到执政者的采纳。而且唐朝末年政权更迭频繁，执政者也无心举办教育，导致教育事业的荒废以及官学制度没落，这为以后的宋、元、明、清四个时期的官学制度改革埋下了伏笔。就总的格局来看，宋代的学校教育制度仍大体沿用唐制，形成以国子监、太学为核心的中央官学和州县学校为主体的地方官学两大系统。

宋代的官学体系在继承唐代官学体系的基础上，形成了自己的特点：一是中央官学放宽了入学的等级限制，甚至取消了入学限制。等级限制的放宽是宋代官学制度发展的一大进步，其意义重大。二是官学教育管理体制和系统进一步完备。宋代建立了从中央到地方的专门的教育行政机构和系统，保证了官学教育的发展。三是官学类型多元化。魏晋南北朝和隋唐时期，中央官学于儒学之外增设专科学校等，并正式列为官学系统，突破了儒学一统天下的格局。到了宋代，在此基础上，又增设武学和画学，这些举措推进了中国古代学制的进一步完善。

（二）元代时期的教育

1. 元代时期的文教政策

元代在采用"汉法"的政策下，在文化教育方面的措施首先是"崇儒"，表现在尊孔与推崇理学家的活动上。尊孔在元太祖时就已经开始。元太祖到燕京，宣抚王楫即立孔子庙。成宗即位之初，诏书中外崇奉孔子。武宗又加封孔子为"大成至圣文宣王"。诏书上"呜呼，父子之亲，君臣之义，永维圣教之尊"等语用孔子来维护封建统治的要求，说得极为清楚了。

元代在太宗时立周子（周敦颐）祠，表示推崇道学。元世祖时曾访求一些继承程朱理学的学者，实现加强思想控制的三纲五常之道。许衡便提出要使下至童子，亦知三纲五常为人生之道，要这样才能达到"经国安民"的要求。元人作《宋史》，别立《道学传》，宣扬理学道统，肯定程朱理学。《道学传》序上说，宋儒之学度越诸子，上接孟子。又说"后之时君世主，欲复天德王道之治，必来此取法矣"。程朱理学成为代表"天德王道"的官方思想。

2. 元代时期的官学制度

元代存续时间不到一个世纪，在官学的发展方面总体上不像宋代那样丰富，但为了巩固政权，在"尊用汉法""尊孔崇理"的文教政策下，对官学制度进行了以下改革：

（1）多元化的学校设立。元代是由蒙古族建立并掌握政权的国家，在学校的设置上，除了沿袭前朝设置的一般学校外，尚有特别为其本族子弟所设的学校，如至元六年（1269）在地方"置诸路蒙古字学"，至元八年（1271）在中央设蒙古国子学，"于随朝蒙古、汉人百官及宿卫官员，选子弟俊秀者入学"（《新元史·选举志》），同时还设有回回国子学，这种为少数民族子弟所设立的学校，无论在考试科目及出身待遇方面，都和当时一般学校不同。学生人数方面，蒙古族所占比重较大；考试内容方面，汉人的考试内容较难，蒙古人、色目人则较容易。

（2）第法、积分法和贡生制的实施。宋代虽然在宋仁宗庆历年间也实行过分斋制，但只分为经义、治事，且为时很短。元代国子监在元仁宗延祐二年（1315）效法宋代的"升斋积分之法"，实行"升斋等第法"和"积分法"。

"升斋等第法"是指"把国子学分为上、中、下三个等级六个斋舍，东西相向"[1]。"下两斋左曰游艺，右曰依仁，凡诵书讲说小学属对者隶焉；中两斋左曰据德，右曰志道，讲说《四书》，肆诗律者隶焉；上两斋左曰时习，右曰日新，讲说《易》《书》《诗》《春秋》科，习明经义等程文者隶焉。每斋员数不等，每季考其所习经书课业及不违规矩者，以次递升。"（《新元史·选举志》）即学生按程度分别进入对应的斋舍学习不同的内容，依据其学业成绩和品德行为依次递升。

"积分法"是与"升斋等第法"相联系，累积计算学生全年学业成绩的方法，并且对汉人与蒙古人、色目人的要求不同。

国子监坐斋三年以上的生员可充贡举，获得与举人同等的资格，其中最优秀的六人可直接授予官职，这种选拔优秀生员直接授予官职的制度称为"贡生制"。

三、明朝时期的教育

明朝是我国古代社会的一个重要朝代，明初领导者为了巩固政权，在很多方面进行了

---

① 白毅. 中国古代教育史概要 [M]. 西安：西安交通大学出版社，2018：105.

改革。同时，在经济方面，也推行了一系列"安养生息"、发展生产的政策，推动了农业、手工业的恢复和发展，促进了商业和城市经济的繁荣。随着商品经济的增长，自明中叶以后，特别是在嘉靖、万历年间，在长江三角洲和沿海地区的一些手工业部门中出现了新的生产关系的萌芽，这是在古代社会内部出现的新的经济因素。明朝的统治思想是程朱理学，统治者曾采取种种措施，提高程朱理学的社会地位。明中叶以后，王守仁继承和发展了陆九渊的学说，创立了与程朱理学相悖的"王学"，曾风行了一百余年。自万历以后，一些外国人，如利玛窦、庞迪我、汤若望、熊三拔等人，开始陆续来到中国，他们介绍一些西方有关历算、水利、测量等方面的知识到中国来。所有这些都对明朝教育的发展产生了重要影响。

（一）明朝时期的文教政策

明太祖朱元璋从历史的经验教训和亲身的实践中，深刻地认识到学校教育对于治理国家的重要作用。因此，立国之初，便将发展教育事业置于重要的地位。朱元璋主张"治天下当先其重其急，而后及其轻且缓者。今天下初定，所急者衣食，所重者教化。衣食给而民生遂，教化行而习俗美。足衣食者在于劝农，明教化者在于兴学校"（《明太祖宝训》）。因而确立了"治国以教化为先，教化以学校为本"的文教政策。综观明朝历史，实行这一政策具体表现为以下三个方面：

1. 广设学校以培育人才

朱元璋认为，人才是国家的宝贵财富，而"人才以教导为先"，主要依靠学校培养。因此，在明朝立国之前，就于元至正二十五年（1365），应天府学改为国子学，创建了中央最高学府。明洪武元年（1368），令品官子弟及民俊秀通文义者入学肄业。至洪武四年（1371），学生已达2728人。洪武十四年（1381），又改建国子学于鸡鸣山下。洪武十五年（1382），改国子学为国子监，设祭酒1人，司业1人，监丞、典簿各1人，博士3人，助教16人，学正、学录各3人，掌馔1人。永乐元年（1403），另设北京国子监。这样，明朝便有南北两个国子监。永乐十八年（1420），明正式迁都北京，将原京师国子监改为南京国子监，而北京国子监则为京师国子监。

在积极创建中央学校的同时，明朝领导者也十分重视发展地方教育事业。洪武二年（1369），发布兴学令，要求全国各地普遍设立学校。于是，全国各府、州、县便纷纷设立学校，府学设教授，州学设学正，县学设教谕，俱为1人。各学还另设训导，人数多寡不等，府学4人，州学3人，县学2人。同时，对于各学入学人数，师生待遇等，也都做了明确规定。洪武八年（1375）又设立社学，这样，从京师到郡县以及乡村地区，建立起了学校教育网络。明初学校教育事业的发展，超过了历史上任何一个朝代。

2. 重视科举以选拔人才

设立学校是为了培养人才，而学校培养的人才要成为明朝政府的官员，还必须经过人才的选拔。明朝选拔人才的制度原来主要有两种：荐举和科举。明初，明太祖曾多次下求贤诏，访求天下贤才。例如，洪武六年（1373）下诏称："贤才，国之宝也……人君之能致治者，为其有贤人而为之辅也。山林之士德行文艺可称者，有司采举，备礼遣送至京，朕将任用之，以图至治。"（《明太祖宝训》）荐举聪明正直、贤良方正、孝悌力田、儒士、孝廉、秀才、人才、耆民等。荐举制度也确实为明朝政府网罗了许多人才，其中很多人由布衣而登大僚，甚至身居大学士、尚书、侍郎等高官。然而，自建文、永乐以后，科举日重，荐举日轻，士人都以科举登进为荣，而荐举则名存实亡。科举日益成为明朝最主要的选士制度。

明朝科举制度较之前代有所发展，其中之一是选庶吉士，即点翰林。它始于洪武十八年（1385）。当时，凡进士观政于翰林院、承敕监等衙门者，均称庶吉士。至永乐二年（1404），规定庶吉士专属翰林院，选进士文学优等及善书者为之。三年学成，经散馆考试，优者留翰林院为编修、检讨，其余则出为给事中、御史、州县官等。翰林院为明朝"储才重地"，其受重视的程度，为"前代所绝无"。《明史·选举志二》记载：自英宗以来，"非进士不入翰林，非翰林不入内阁，南、北礼部尚书、侍郎及吏部右侍郎，非翰林不任。而庶吉士始进之时，已群目为储相。通计明一代宰辅一百七十余人，由翰林者十九"。

另外，明朝科举同学校教育之间的关系极为密切。《明史·选举志一》有："科举必由学校。"只有接受学校教育取得出身的学子才有资格参加科举考试，学校教育的直接目的是参加科举考试。这样，科举以学校教育为基础，学校以科举考试为目的，两者紧密结合，共同为当时的社会政治服务。

明朝统治者鉴于历史的经验和治国的实际需要，把教育置于十分重要的地位，确立了"治国以教化为先，教化以学校为本"的文教政策。在这一政策指导下，学校教育得到了很大发展，普及程度为"唐、宋以来所不及"；科举制度重新受到青睐，与此同时，又采取种种措施，加强思想控制，其文化专制统治超过了历史上任何一个朝代，达到了登峰造极的地步。

（二）明朝时期的官学制度

明朝官学按其设置可以分为中央和地方两大类。中央设立的主要有国子监，此外还有宗学、武学等。地方设立的主要有府学、州学、县学，以及都司儒学、行都司儒学、卫儒学、都转运司儒学、宣慰司儒学、安抚司儒学，此外还有武学、医学、阴阳学和社学等。其中国子监属大学性质；武学、医学、阴阳学属专科学校性质；各府、州、县学和都司、行都司、卫、都转运、宣慰司、安抚司儒学相当于中等学校性质；社学属小学性质；宗学是贵胄学校。在教育行政管理方面，国子监同时又是明朝最高教育行政管理机关，长官为祭酒，司业为其副，主管中央官学的政令。地方教育行政机关，明初沿袭元朝制度，在各直省设置儒学提举司。正统元年（1436），始设"提督学校官"（简称"提学官"或"提学"），南、北直隶由御史充任，各省由按察司副使、金事担任。"提学之职，专督学校，不理刑名……督、抚、巡按及布、按二司，亦不许侵提学职事也。"明朝地方教育行政机关具有一定的独立性。

1. 明朝的中央官学

（1）国子监。明朝国子监有南北之分，并以北京国子监为京师国子监。南京国子监规模恢宏，校内建筑直接用于教学活动的有正堂和支堂。南京国子监不仅教室宽敞，而且环境优美。此外，还有书楼、射圃、馔堂（餐厅）、号房（学生宿舍）、光哲堂（外国留学生宿舍）、养病房、仓库、文庙等建筑。

在国子监肄业的学生，通称为"监生"，因其入学资格不同，分为"举监""贡监""荫监"和"例监"。会试下第举人入监肄业，称为"举监"。地方府、州、县学生员被选贡到国子监肄业，通称为"贡监"。庶民援生员之例，通过纳粟纳马等捐资入监，称为"例监"，亦称"民生"。此外，在国子监肄业的还有来自邻邦高丽、日本、暹罗（今泰国）等国的留学生，称为"夷生"。国子监学生的来源虽不同，但在肄业期间，均受到较优厚的待遇。监生数量发展较快，洪武二十六年（1393）已达8124人，永乐二十年（1422）增至9972人，为明朝国子监学生数量之最。但自正德以后，逐渐衰落；至隆庆、万历以后，南北国子监皆空虚，且有名无实。

关于教学内容，《明史·职官志二》云：对监生"造以明体达用之学，以孝悌、礼义、忠信、廉耻为之本，以六经、诸史为之业"；"凡经，以《易》《诗》《书》《春秋》《礼记》，人专一经，《大学》《中庸》《论语》《孟子》兼习之"。进入国子监肄业，目的是为了入仕参政，因而学习本朝律令，当为必需。刘向的《说苑》，"多载前言往行，善善恶恶，昭然于方册之间，尝以暇时观之，深有劝戒"。因此，令监生读之，自有教益。《御制大诰》为明太祖所撰，主要内容是列举他所处置之人的罪状，以及教人民守本分，纳田租，出夫役，替朝廷当差的训话，让监生学习，可以使他们知所警戒，安分守己。除上述内容外，每月朔望还须习射，每日还要习字200多，以二王（王羲之、王献之）、释智永、欧阳修、虞世南、颜真卿、柳公权等著名书法家的字帖为法。

（2）宗学。专为贵族子弟设立的贵胄学校。招收世子、长子、众子、将军、中尉年未弱冠者入学，称宗生。宗学的教师，从王府长史、纪善、伴读、教授中挑选学行优长者担任，另在宗室中推举 1 人为宗正，负责学校行政。后又增设宗副 2 人。学习内容为《皇明祖训》《孝顺事实》《为善阴骘》诸书，兼读《四书》《五经》《通鉴》《性理》等。宗生在学，每年由提学官组织考试，后来令其参加科举，培养出了不少人才。

（3）武学。明朝设有中央武学和地方武学。正统六年（1441），设京卫武学。置教授 1 员，训导 6 员，教习勋卫子弟。以兵部司官提调。正统七年（1442），设南京武学。成化元年（1465），审定武学学规。成化九年（1473），令都司、卫所应袭子弟，年 10 岁以上者，由提学官选送入武学读书。弘治六年（1493），接受兵部尚书马文升的建议，刊印《武经七书》分送两京武学，令武生学习。嘉靖十五年（1536），改建京城武学，俾大小武官子弟及勋爵新袭者，肄业其中，用文武重臣教习。万历年间，武库司专设主事 1 员，管理武学。由上可见，明朝对于中央武学是十分关注的。

2. 明朝的地方官学

明朝的地方官学，按其性质划分，可以分为儒学、专门学校和社学三类。

（1）儒学。儒学包括按地方行政区划设立的府学、州学、县学，按军队编制设立的都司儒学、行都司儒学、卫儒学，以及在谷物财货集散地设置的都转运司儒学，在土著民族聚居地区设立的宣慰司儒学和安抚司儒学等。其中，都司儒学始设于洪武十七年（1384），最初置于辽东。明太祖在上谕中称："武臣子弟久居边境，鲜闻礼教，恐渐移其性。今使之诵诗书，习礼义，非但造就其才，他日亦可资用。"行都司儒学始设于洪武二十三年（1390），最初置于北京。卫儒学始设于洪武十七年（1384），最初置于岷州卫。上述学校的设立，目的是"教武臣子弟"，故学生称军生。各学俱设教授 1 人、训导 2 人。

府、州、县学的普遍设立始于洪武二年（1369）。是年，"诏天下府州县皆立学"。于是各地纷纷设学，府设教授 1 人，从九品，训导 4 人。州设学正 1 人，训导 3 人。县设教谕 1 人，训导 2 人。

"教授、学正、教谕，掌教诲所属生员，训导佐之。"凡入府、州、县学肄业者，通称为"生员"（亦称"诸生"，俗称"秀才"）。每人专治一经，以礼、乐、射、御、书、数设科分教。生员分为廪膳、增广、附学三种。廪膳生员在学期间享受政府提供的伙食。明初，凡生员均食廪，"月廪食米，人六斗，有司给以鱼肉"。后来，因为要求入学者增多，所以增广人数，增广者谓之增广生员。正统十二年（1447），礼部接受凤阳知府杨瓒的建议，又额外增加生员入学，附于诸生之末，谓之附学生员。明朝府、州、县学的学生数，廪膳、增广生员有限额，在京府学 60 人，在外府学 40 人，州学 30 人，县学 20 人，附学生员没有限制。凡初入学者，皆谓之附生，需经过岁、科两试，成绩优秀者，才能依次递补为增广生员、廪膳生员。生员在学 10 年，若学无所成，或有大过者，则罚充吏役，并追还廪米。反之，若学行优秀则依次递升，至廪膳生员，可通过贡监进入国子监肄业。因此，明朝府、州、县学的生员在学校内部是流动的，在外部同国子监是相衔接的。

（2）专门学校。专门学校包括武学、医学和阴阳学。明初没有设武学。正统中期，虽在两京创立中央武学，但在地方上仍没有设武学。直至崇祯十年（1637），"令天下府、州、县学皆设武学生员"，武学才正式成为地方学校。然而，此时明朝已濒临灭亡，未能普遍设立。医学始于洪武十七年（1384），学官府设正科 1 人，从九品，州设典科 1 人，县设训科 1 人。阴阳学亦始设于洪武十七年，学官府设正术 1 人，从九品，州设典术 1 人，县设训术 1 人。

（3）社学。洪武八年（1375）太祖"诏天下立社学"，于是全国各地纷纷设立社学。明朝社学是设在城镇和乡村地区，以民间子弟为教育对象的一种地方官学，它招收 8 岁以上、15 岁以下民间儿童入学，带有某种强制性。儿童进入社学，先学习《三字经》《百家姓》《千字文》等，然后学习经、史、历、算等知识。同时也须兼读《御制大诰》、明朝律令以及讲习冠、婚、丧之礼。社学的教师称社师，一般是挑选地方上有学行的长者担任。在教学活动方面，明朝社学对于如何教儿童念书、看书、作文、记文，培养儿童学习习惯以及每日活动安排等，都有较具体的要求。

明朝官学制度有四点值得注意：①作为最高学府的国子监有许多新发展，例如，放松学生入学资格的限制，根据学生的不同来源，分为举监、贡监、荫监和例监；创立监生历事制度，使学校培养人才与业务部门使用人才直接挂钩，有利于促进学校教学，提高人才素质；实行积分法，使起源于宋、发展于元的这一方法，更为完善。②地方官学得到空前发展。不仅按地方行政区域设学，而且也按军队编制设学，还在全国谷物财货集散地和土著民族聚居地设学。因此，明朝地方学校的普及，超过了以前任何一个朝代。③社学制度更趋完善。社学产生于元朝，明朝继承和发展了元朝的社学制度，大加提倡，在全国城镇和乡村地区广泛设立，并在招生择师、学习内容、教学活动等方面形成较为完善的制度，成为对民间儿童进行初步文化知识和伦理道德教育的重要形式。④形成从地方到中央相衔接的学制系统。明朝规定，凡社学中俊秀向学者，许补儒学生员；府、州、县学员则可通过岁贡、选贡、恩贡、纳贡等途径进入国子监肄业，形成了社学——府、州、县学——国子监三级相衔接的学校教育体系。明朝官学制度的上述特点，对清朝教育发生了深刻的影响。

四、清朝时期的教育

（一）清朝的科举制度

清朝的科举制度确立于顺治二年（1645），以《科场条例》的颁布为标志，从该年的第一科乡试开始，到光绪三十二年（1904）甲辰科最后一科会试为止，科举从未间断，这在科举史上是值得注意的。清朝的科举基本上因承明制，同时又十分注意考试舞弊的防范和处理。清朝在科举上采取了许多新措施，这使它的科举制度比明代更为完善，这些措施主要如下：

第一，监生分卷录取。监生参加乡试在顺治时分为南卷和北卷，乾隆时进一步分为南卷、北卷和中卷。

第二，会试分省录取。顺治九年（1652）沿用明制，也分为南卷、北卷和中卷。康熙末年以各省取中人数多寡不均，分省取中，这就将明代的分区配额录取变为分省配额录取。

第三，在乡、会试中实行副榜制。副榜是由于名额限制，在正榜之外所录取的名额。中乡试副榜的可以免去科考，直接参加下科的乡试。中会试副榜的可以作为监生进入国子监，也可以到吏部铨叙入仕。

第四，全面实行复试制度。顺治十五年（1658）发生乡试科场案后，开始在乡试中实行复试。康熙五十一年（1712），又在会试中实行复试。

第五，实行礼部磨勘制度，这是为了防止作弊，在考试过后由礼部对考官所出的试题和考生试卷进行全面复查的制度。

第六，为八旗子弟设立翻译科，它包括"满洲翻译与蒙古翻译，满洲翻译以满文译汉文或以满文作论，蒙古翻译以蒙文译满文"。

（二）清朝的教育思想

下面主要以康有为、梁启超、严复等人的教育思想为例，探讨清朝的教育思想。

1. 康有为的教育思想

《大同书》是康有为的代表作之一。在书中，康有为创造性地描绘了一幅"大同"社会的蓝图，体现大同世界人人平等，教育普及，施教合理，使人健康发展的远景。康有为在《大同书》中主张废除私有制和等级制，论述了理想的学制体系：设立人本院、育婴院、小学院、中学院、大学院；倡导"公养""公教"，每个社会成员都有权享受教育，皆为公费；重视学龄前教育；主张男女教育平等；指出对儿童应实行德、智、体、美诸方面的教育等。《大同书》在当时给人以耳目一新的感觉，对传统古代教育造成很大影响。

在《大同书》里，康有为还以《去形界保独立》专章论述了男女平等和女子教育问题："男女皆为人类，同属天生"，而几千年世界各国"压制女子使不得仕宦，不得科举，不得为议员，不得为公民，不得为学者，乃至不得自主，不得自由"，这是人类社会历史上最大的不平等。大同世界里应当"男女平等，各有独立，以情好结合"。在教育上，女子在入学资格和毕业出路上都应该与男子平等，如果女子"学问有成"，应该许以"选举、应考、为官、为师"。康有为还从利用女性人才资源，以及对胎教和儿童教育的影响角度说明重视女子教育的意义。

2. 梁启超的教育思想

梁启超认为国势强弱随人民的教育程度而转移，其思想的突出之点是在维新变法期间，明确地将"开民智"与"兴民权"联系起来，为"兴民权"而"开民智"，这在一定程度上揭示了专制与愚民、民主与科学的内在联系。基于"开民智"的思想，梁启超提出教育的宗旨应该是培养"新民"，他认为传统教育最大缺点是培养的人缺乏国家观念、公共观念和自治观念，他要求培养的新式国民具有新道德、新思想、新精神、新的特性和品质，诸如国家思想、权利思想、政治能力、冒险精神以及公德、私德、自由、自治、自尊、尚武、合群、生利、民气、毅力等。可以看出，这种新民正是具有资产阶级政治信仰、思想观念、道德修养和适应资本主义社会生活的知识技能的新国民。

梁启超主张以新的学校体系代替科举制度，提出中国学制模仿日本的学校制度。根据儿童的身心发展特点，把教育划分为四个阶段：5岁以下为"幼儿期"，受家庭教育或幼稚园教育；6—13岁为"儿童期"，受小学教育；14—21岁为"少年期"，受中等教育或相应的师范教育、实业教育；22—25岁为"成年期"，受大学教育，大学教育分文、法、师范、医、理、工、农、商诸科。根据学生身心发展的阶段性特征来确定学制的不同阶段和年限是近代西方教育心理研究的成果，梁启超是中国近代最早系统介绍和倡导这一理论的人。

3. 严复的教育思想

严复是中国近代从德、智、体三要素出发构建教育目标模式的第一人，并从资本主义价值观念和优胜劣汰的国际竞争形势对这一教育目标模式进行了论证。严复强调一个国家的强弱，取决于国家的民力强弱、民智高下与民德好坏，要以新的德、智、体三育武装国民，取代以儒学为中心的封建时代的教育。严复在《原强》中首次阐发了他的"三育论鼓民力""开民智""新民德"。所谓"鼓民力"就是提倡体育;"开民智"就是要全面开发人民的智慧,其核心是改革科举制度,废除八股取士和训诂辞章之学,讲求西学;"新民德"主要是指从改变传统德育内容方面,用西方的民主自由平等取代封建伦理道德,培养人民忠爱国家的观念意识。

在严复的德、智、体三育体系中,智育处于基础地位,其主张"开民智"直接可以治愚,间接可以"鼓民力"和"新民德",因此是救亡图存的突破口和当务之急。而在八股考试主导下的封建教育不仅不能启迪人的智慧,反而"适足以破坏人才"。在《救亡决论》中,严复详细地分析了八股式教育的三大弊端:一是"锢智慧";二是"坏心术";三是"滋游手"。据此,他大力倡导废除八股而学西学。

在确立中国未来文化教育发展的基本原则上,严复强调"体用一致"。1894年后,他发表了《论世变之亟》《原强》《救亡决论》等文章,通过中西文化的比较,倡导对西方的自然科学和社会政治学说要一体学习。严复的"体用一致"思想虽然表现为"全盘西化"和西学自成体用的倾向,但在当时多数人都故步自封的情况下,是具有历史意义的。

严复是维新巨子中绝无仅有的一位学贯中西的人物,他的论述都能从中西文化比较的角度进行深入的分析,从历史演变的规律和学理上进行阐述。因此,其"德智体三育论"和"体用一致"的文化教育观等都具有较强的系统性并初具理论形态。

第二章 中国古代教育的思想解读

第一节 中国古代的儒家教育思想

儒家是中国传统文化学术思想的主流，其中教育思想是其主要的内容。"儒家思想自确立以来就深刻地影响着中国的教育体制与教育思想。"[①] 由于儒家比其他各家学派更符合中华民族的文化心理，更关注现实社会人世万物，更重视系统文化教育，因而在长期的教育实践中认识并积累了许多珍贵的教育思想，其中许多方面揭示了教育教学的特点和规律，成为传统教育思想的精华，对当今我国教育理论建设和教育实践发展仍然具有很强的现实借鉴和指导价值。在中国教育史上，涌现出许多著名的儒学教育家，下面以孔子、孟子为代表来解读中国古代的儒家教育思想。

一、孔子的教育思想

孔子是我国著名的思想家，伟大的教育家，儒家学派的创始人，儒家教育理论的奠基人。他不仅对中国文化发展有深远影响，还是一位具有世界影响的历史人物。孔子在长期的教育实践中，积累和总结了丰富的教育经验，形成了比较系统完备的教育思想。他的学生将其在教学中与弟子对话的言论整理成册，名曰《论语》，这是了解和研究孔子教育思想的最可靠资料。除此之外，孔子的教育思想还散见于《左传》《孟子》《荀子》《墨子》《史记》《仲尼弟子列传》《儒林外史》《汉书·艺文志》等典籍中。

（一）孔子教育思想的基础

孔子提出"性相近，习相远"，这里所谓的"性"类似于今天所说的遗传素质，是人先天与生俱来的品质；"习"既指后社会习染和教育学习，亦指由于习染而形成的习惯的

---

① 刘珊. 教育现代化的前行与反思：谈儒家思想对古代教育与现代教育的启示 [J]. 学理论，2013 (2)：182.

意思，即一个人在成长过程中受到生理遗传、社会环境和教育学习等多种因素的影响。"性相近，习相远"的意思是说，人的先天素质是相近的，只是由于后天教育和环境的影响，才造成人后天发展的重大差别。个体常常因所生活的周遭社会环境（包括教育和社会环境）的不同，有"习于善则善，习于恶则恶"的差别。"性相近，习相远"指出了人先天禀赋的平等性、遗传素质的可塑性和教育的必要性等重要理论和实践意义。

"性相近"这种观点是孔子人性论的一个组成部分。关于人性问题，孔子有过先天之性和后天之性的论述，这两种"性"是有区别的。个体的先天之性是无多大区别（当然，并不是指完全相同，因为实际上还是存在一定差异。孔子正是意识到这一点，所以认为性相"近"）；而后天之性，则存在明显的甚至是巨大的区别。关于人的后天之性的异同问题，孔子提出了把人分成"上智、中人、下愚"三等的观点。孔子相信世界上有不接触实际、不接受教育学习就能获得知识的所谓"生而知之"的人才。但是"性相近也，习相远也"主要是针对"中人"，即大多数人而言的。"中人"是有条件接受教育的，可以对他们讲谈高深的学问。"中人"在社会上居大多数，对"中人"的发展，教育能起重大作用。

总而言之，孔子关于"性"三等以及"中人"的"性相近"的观点，与现代心理智力测量学对个体智力的看法十分相近，因而具有一定的科学性。"性"三等及"性相近"思想成为孔子"习相远"的教育作用思想，和"有教无类"教育对象观的生理学和心理学基础。

（二）孔子教育思想的对象

教育对象即哪些人可以和应该接受教育问题，是许多教育家关注的问题，也是教育实践和教育思想的重要组成部分。在春秋末期，面对官学衰落私学兴起，"学在官府"变为"学在四夷"的社会现实，孔子从"性相近，习相远"的理论前提出发，主张扩大教育对象的范围，明确提出"有教无类"的主张。

"有教无类"是孔子举办私学招收生徒的指导方针，关于"有教无类"的含义，历来就有不同的理解，关键在于对"类"的解释。孔子的"有教无类"，是针对当时教育的"有类"而提出来的。"有教无类"就是主张突破少数贵族对文化教育的垄断，不分贵族与贫民，不分华夷诸族，让那些愿意学习而在学力、经济条件和时间上又允许的人，都有受教育的权利和可能，并将他们培养成孔子所理想的"治国""安邦""安百姓"的"士"。由此，孔子突破当时"学在官府"的局面和凭借学术下移的形势，提出并实行顺应当时社会发展趋势，而富有历史进步性的"有教无类"这一先进的教育思想。

孔子广收门徒，其学生遍布天下，有贵族子弟孟懿子和南宫敬叔；有被称为"鲁之鄙人"的子张；有以货殖致富、家累千金的子贡；有蓬户瓮牖、捉襟见肘的原思和穷居陋巷、箪食瓢饮的颜回，以及母亲自织的曾参、为父推车的闵子骞；有北方的卫人子夏。在平时，向孔子请教的人中，既有当权的贵族，又有童子，这说明孔子"有教无类"的主张，确实在其教育实践中有所体现。

另外，"有教无类"还有一层含义，即"有教则无类"，就是一方面对待学生不论贤愚、贫富、贵贱应一视同仁，平等对待；另一方面通过"因材施教"，启发诱导，使参差不齐、智愚不一的学生都成为贤人、君子，不再有智愚的差别，将他们培养成为适应当时社会发展需要的不同类别的人才（贤才）。不管哪一种解释，其内涵都是对所有学生要一视同仁，因材施教。

总而言之，在教育史上，孔子首次提出"有教无类"的办学方针，有着深厚坚实的理论与实践基础。其中，"性相近"是"有教无类"的生理学和心理学基础；"习相远"是"有教无类"的教育学基础；"天子失官，学在四夷"是其社会学、政治学基础；"文化下移"是其文化学基础；"士"阶层的兴起是其社会学基础。这种办学指导思想扩大了受教育对象的范围，是顺应历史潮流的进步的，符合教育事业发展的趋势，是广开学路教育思想的表现，适应了"士"阶层出现之后，人们要求接受教育学习文化的需要。"有教无类"也成为儒家授徒兼容并蓄的办学传统，以及一脉相承的教育思想。"有教无类"是一种与贵族精英教育相对的平民大众教育观，具有全民性、全体性、大众性等特点。

（三）孔子教育思想的目标

教育中有一个非常重要的问题即教育的目标。孔子从施行"德政仁治"社会政治理想的需要出发，主张教育应当通过培养贤能之士，为社会政治服务，以实现其圣贤政治的伟大社会理想。孔子把贤能之士称作"君子""成人"，"君子""成人"就是孔子教育思想的培养目标。

孔子认为，教育的作用在于将自然人、生物人培养成为有文化、有教养的社会人、文化人（"文人"），所谓"君子"，即先天质朴的素质与后天教育的有机结合。"君子"是孔子认为的一般教育培养目标，即合格标准。孔子认为，"君子"应当具有三种品德：智、仁、勇，即智慧、仁德、勇敢。"智、仁、勇"是有机联系的统一体，缺一不可。"智、仁、勇"都是要依靠教育学习来培养的。由此可见，"智、仁、勇"乃是理想化人才培养目标的具体化，是孔子对人才目标设计的培养规格。

另外，"君子"也是施行道义于天下、重义轻利、不计个人利益得失之人。孔子认为，在事情面前，君子能坚持道义标准，保持行为的合适性，哪怕是牺牲个人利益，甚至是基本生活条件也在所不惜。君子虽然生活贫困，但是精神富有，这就是君子的高大形象。但是，在义与利面前，君子并不是绝对不言利，而是倾向于重义甚于重利。当面临义与利的抉择时，应"见利思义"，毫不犹豫地选择义，以天下百姓利益为重的人。

"成人"（全面和谐发展的人），则是孔子提出的最高理想培养目标。孔子认为，"成人"除应具备"君子"必备的"智、仁、勇"三种品格素养之外，还须具备较强的动手操作技能，和一定社会的礼仪规范以及乐舞审美文化，修饰完善自身，成为一个身心和谐、德智体美劳全面发展的人。同时，孔子不仅是中国，而且也是世界上第一个提出使受教育者在"仁"（德行）、"智"（智识）、"勇"（体魄）、"艺"（技能）、"礼"（礼仪、文雅）、"乐"（审美）全面和谐发展的教育家。他认为，只有具备这些方面的综合素养的人，才能实现"修己以敬""修己以安人""修己以安百姓"的社会政治目的。换言之，在人类文化教育的早期，孔子的教育目的观是比较全面的，是一种社会目的与个体目的相统一的教育目的观。

（四）孔子教育思想的作用

关于教育在社会和个体发展中的作用，人类由于种种限制，对它的认识总是片面的，不能作出真正科学的结论。虽然如此，历代教育家对于教育在社会和个体发展方面的作用，都做过一定的探讨。从中国教育史上看，孔子是第一个接触到这一问题的人。

中国自夏、商、周以来，就有重视教育的传统，《礼记·学记》中说道："古之王者，建国君民，教学为先。化民成俗，其必有学。"孔子继承了这种重教的优良传统，并进一步在理论上加以发展。关于教育在社会发展中的作用，《论语》当中，记载了孔子的许多论述，即"庶、富、教"思想。"庶"与"富"是"教"的人口和经济基础；同时，"教"亦是提高人口素质和进一步促进社会和谐、经济发展的重要条件。孔子将庶、富视为立国的基础，而教育是立国的根本。"庶、富、教"的思想，不仅说明了三者的关系，而且充分体现出儒家重教的重要思想。

同时，孔子认为，在治国中精神的力量远胜于物质的力量，而教育在治国中的重要作用，是其他任何措施所无法比拟的。因此，教育是为政之本。孔子明确地论述政治对教育的依赖，提出了"德政论"。"德政"就是以道德的引导、礼教的规范作为使人心悦诚服、达成社会稳定清明的政治措施。政治是一种对人的感化，而为政就是一种完善自身，由此影响他人的教育活动。

关于教育在个体发展中的关键作用，《论语》也记载了孔子的许多论述，其中最突出的就是"习相远"思想。孔子认为,人的发展离不开教育学习。同时,他认为没有不配和不堪教育之人。因而,不论何等人都必须对其进行教育;人与人之间差别的存在和消失都在于教育。这就是著名的"习相远"思想。这一理论具有一定科学性,指出人的天赋素质相近,这一理论是人类认识自身史上一个重大突破,成为人人有可能受教育、人人都应当受教育的理论依据。

从"性相近"而不是性相同的观点看,孔子提醒人们在教育中应充分注意个体的差异性。他对学生个性特征有深刻的观察和分析,他把个体差异归结为智力、能力、性格、志向、学习态度和学习专长等方面,并据此实行了分科教学,培养了四科(德行、言语、政事、文学)的优秀学生,这在世界教育史上也是最早出现的。由于孔子的教育因人而异,宋代大儒程颐、程颢两兄弟及其再传弟子朱熹,均将其概括为"孔子施教,各因其材",后人简称为"因材施教"。这种教育活动成功与学生个体差异结合起来,使教育在一定程度上遵循了个体身心的发展规律。

从"习相远"的观点出发,孔子认为人要发展,教育条件是很重要的必不可少的。个体一生的任何发展阶段,教育都是十分重要的,哪一个阶段缺乏教育,哪一个阶段就要落后以至发生偏差。特别是人的早期教育,为以后的发展奠定基础,尤其重要。另外,孔子是教育史上第一个提出早期教育理论的人。他还主张人应当终身不断受教育,这样才能使知识的掌握和道德的修养不至于停顿、倒退,强调全人生的学习教育过程。同时,他认为人的生活环境应受到重视,要争取积极因素的影响,排除消极因素的影响,因此,他一方面强调居住环境选择的重要性,主张"里仁为美";另一方面强调社会交往的选择,主张要善于"择友""择邻"。"习相远"说明个体发展的差异,一方面是天生的("性相近"而不是性相同);另一方面更是在后天的社会环境和教育学习双重作用下形成的("习相远"),因而,一方面是因材施教的依据,另一方面又是因材施教的结果。

二、孟子的教育思想

孟子,名轲,字子舆。他是一位著名的思想家、教育家,其教育思想在中国古代教育史上占有重要地位。孟子是鲁国贵族孟孙氏的后代。孟母倪氏对他教养很严,曾用"孟母三迁"和"断机教子"等方式教育他,被后世传为佳话。孟子后来成为儒家曾参、子思学派的继承者,与子思合称"思孟学派"。孟子对孔子尊崇备至。孟子的思想学说是继承了孔子的一部分思想学说(主要是"仁"方面的思想),并且加以发挥而成的。所以,历史上又将其与孔子的学说并称为"孔孟之道",孟子本人也被称为"亚圣"。

孟子的经历与孔子颇为相似,一生聚徒讲学,不同的是,孔子实行"有教无类",孟子则以教"英才"为乐。孟子私学有学生数百人,曾执教于齐"稷下学宫",被尊为稷下先生、卿、上大夫。常常带着学生到诸国游说,宣传其"民贵君轻""仁政爱民"的政治学说,以及"老吾老及人之老,幼吾幼及人之幼"的社会理想主张。其政治学说从统治者的长远利益出发,与"以攻伐为贤"的时代特点不合,所以在诸侯列国被讥笑,而未被采纳。孟子晚年退而著书立说,与弟子公孙丑、万章等记述当年游说时的言论,编成《孟子》一书。《孟子》中有《梁惠王》《公孙丑》《滕文公》《离娄》《万章》《告子》《尽心》七篇,共二百六十一章。在《孟子》一书中,孟子一方面阐述自己对政治和哲学的见解和理想;另一方面陈述反对非儒家学派的主张。特别是它记录了孟子的教育活动和教育主张,是我们研究其教育思想最可靠的文献资料。

(一) 孟子教育思想的基础

1. "民本论"与教育的社会作用思想

"民本论"是孟子社会政治学说和教育社会作用思想的重要理论基础。孟子"仁政爱民"的政治学说,就是建立在以民为本的"人伦为基、孝悌为本"基础上的。他的社会理想是:"老吾老及人之老,幼吾幼及人之幼。"具体要求包括:①在物质经济上做到:"老者衣帛食肉,黎民不饥不寒。仰足以事父母;俯足以畜妻子。乐岁终身饱,凶年免死亡。"②在精神伦理上做到:"人伦明于上,小民亲于下。"这与孔子"庶、富、教"的思想十分相似。人伦的具体内容是"父子有亲,君臣有义,夫妇有别,长幼有序,朋友有信"五种社会伦理道德。

教育的重要社会作用就在于向广大民众宣讲阐明这五种伦理道德,"谨庠序之教,申之以孝悌之义",以实现社会稳定和改良。孟子认为"善教"对社会的作用比"善政"更为重要。因为合理的行政命令、法律规范能使人服从,但是,它们不是顺人之情性而为之,而是带有强制性,所以得到的不是心悦诚服;而"善教",是充分尊重、发挥人的内在自觉,所以使人心悦诚服。相比较而言,教育的感化作用更有效、更长久,且因为与人性毫无抵触,传播广而快。因此,"善教"就成为孟子实施其社会理想的一个最佳途径。

孟子认为"善教",就是老者能衣帛食肉,老百姓能不饥不寒,然后再兴办学校,施行教化。教化的内容则是"孝悌之义",即反复阐明孝敬父母和尊敬兄长的大道理,即"学校则二代以共之,皆所以明人伦也"。这是因为孟子认为孝悌是整个社会伦理道德的核心。孟子主张行仁政,省刑罚,薄税敛,使民能有五亩之宅、百亩之田。其目的在于:使"王者"能够得"天下"。而"得天下"必先取得人民的支持,得到人民的信任,这就要遵循固有的规律。仁政以及德治是相辅相成的,并且他认为好的政治,不如好的教育。孟子继承了孔子的"庶、富、教"的思想，主张治国平天下，应当在为民制产及发展经济的同时，办好教育，进行精神文明建设，这样才能真正施行仁政，得到民心，从而得到百姓拥护和支持。另外，孟子认为处理好君臣关系，才能治理好百姓。而要处理好君臣上下的关系，先要处理好父子、兄弟关系，所以孝悌是最根本的，孝悌是"五伦"的核心。另外，孝悌是人们先天的秉性，后天的仁、义、礼、智等伦理道德都依此为基础发展而成。通过教育，使在上者能昌明人伦，在下的小民能相亲相爱，天下也就自然可以太平了。

2. "性善论"与教育的个体作用思想

人性问题自孔子开始才开始有人谈论。孔子主张"性相近"，意思是说一般人的先天禀赋相差不多，其差异都是后天习染的结果。孟子从人的社会属性角度，在孔子"性相近"思想基础上提出了著名的"性善论"主张。性善论认为，人性生来就有"善端"即向善的可能性。孟子讲道："恻隐之心，人皆有之；羞恶之心，人皆有之；恭敬之心，人皆有之；是非之心，人皆有之。"这"四心"就是形成后天仁、义、礼、智等四种伦理道德的原始基础，即四种"端倪"（萌芽）。由此可以推出，仁、义、礼、智四种道德，是人生而具有的，不是外加于人的，这种思想含有人格道德原始平等的意味。

另外，孟子还认为，人具有不虑而知、不学而能的"良知良能"。在孟子的认知中，良能，无疑是指人的本能；而良知，则是所谓"生知"。孔子曾说过"生而知之者上也"，认为只有圣人是"生知"，一般人必须学而知之。孟子则认为天下人皆有良知良能，把"生知"扩大到每个人身上。人人具有"良知良能"，因而人人都有成为圣人的可能。但是，孟子只强调"善端"，即形成和发展成善的可能性（潜质），并不是说人的性已是纯然至善、不需要再修养了。同时也不能说这种"善端"必然会发展成为善性。一方面，要使"善端""良知良能"发展成为现实的善性和智慧、能力，必须经过教育的养护、扩充功夫，即"存心养性"；另一方面，先天淳朴的善端容易受到外物的引诱、污染而丢失，滋生不善即恶的渴望和行为，因此，教育的作用还在于帮助人们寻求找回原初的善性和良知良能，即"求其放心"。

"存心养性"是指教育作用的积极面，就是指保存前面所指之"四心"，养护人的先天善性。孟子说："存其心，养其性，所以事天也。"（《孟子·尽心上》）也就是将四种人人皆有的先天"善端"培养发展成为后天善性善行。孟子认为，教育的作用不仅要将善性发展、扩充起来，开发人的潜质，并将其变成现实性，更重要的是要好好地保存养护它。在孟子看来，"存心养性"最好的办法就是"寡欲"，即"养心莫善于寡欲"。只有渴望得到越少，原有的善性才受损失越少。圣人与民众均是人，但是发展的实际结果却相差甚远，其原因就在于圣人"善养"，即善于"反求诸己"。换言之，这就是说"存心养性"

主要靠发挥人的主观自觉性，"反求于己"，无须外求，就可以达到"诚"的境界，得到人生最大的乐趣，就可成为大人、贤人以至于圣人，即"人皆可以为尧舜"。

"求其放心"是指教育作用的消极面，就是指找回自己天生而后天散失了的善性，并努力去扩充它、发扬它。孟子说："学问之道无他，求其放心而已矣。""求其放心"仍然要求个体充分发挥主观能动性、通过"反求诸己"等自我教育、自我修养，发现并找回自己原有的善性。个体有没有这种反观自身的反思性、体验式教育，其善与不善将呈现出成倍的差距。

总而言之，孟子把教育的作用理解为引导人保存、扩充和找回、养护其固有善端的过程。在孟子看来，教育对个体的作用就在于"存心养性"，在于"求其放心"。孟子非常重视个体心性的主观自觉和道德的内在启迪。只有充分发挥心的思虑作用，发展人的内在能力，只有具有道德自省和思想自觉，才算是真正体现了人性。

（二）孟子教育思想的目标

孟子从其人皆有"四心"善端的"性善论"出发，提出教育的理想目标是"人皆可以为尧舜"。孟子说："舜，人也；我亦人也。"认为"圣人与我同类"，无论圣人、凡人，对于美色，都有共同的爱好。至于心对于"理义"也有共同的是非标准。圣人之所以为圣人，不过是由于圣人把人所固有的善端加以扩充完善了自己。如果凡人也能将固有的善端加以扩充，使之达到完美的境地，也是可以成为圣人的。

孟子认为，舜所处的环境与深山野人没有任何不同，他之所以能成为圣人，就取决于他有如决江河，"沛然莫之能御"的积极的向善主观愿望。这种主观愿望，只有通过作为思维器官的"心"的思考，才可以是可靠且起作用的。经过思考、反省，人才能找到自己内心固有的善性，不用心思考就得不到，这就是"思则得之，不思则不得也"。但是，事实上并非人人都能成为尧舜或为善的。这是由于客观环境的不良影响和自己主观不够努力所造成的。换言之，能否成为舜，取决于客观环境和后天的主观努力程度。从根本上说，起决定作用的仍是个体的主观努力程度。

但是，对于一般人而言，"尧舜"的目标高不可及。为此，孟子提出了培养"大丈夫"的一般教育目标及其规格观。他认为，"大丈夫"具有以下人格特征：①"浩然正气""舍生取义"的捍卫真理、正义的献身精神。②"富贵不能淫，贫贱不能移，威武不能屈"的自由人格。③"得志，与民由之；不得志，独行其道""士穷不失义，达不离道。得志，泽加于民；不得志，修身见于世。穷则独善其身，达则兼善天下"的博爱救世精神。④具有"恒存乎疢疾""生于忧患，死于安乐"的忧患意识。⑤具有"德慧术知"

（道德、智慧、技能、知识等）等综合素质。孟子还进一步把个体人格具体划分为善、信、美、大、圣、神六个水平。这表明教育可以使个体达到不同的发展境界，也是对不同个体的不同发展要求。

孟子认为，要成为"尧舜""大丈夫"，还需确立"去利怀义"的义利观和价值观。孟子的"利"是指个人私利、私欲；即使是国家的大利，也不可公开提倡。孟子要人们牺牲一己一国之私利小利去实现国家、民族乃至人类之大利，这就是"去利怀义"的本质。"去利怀义"也是评价个体行为的价值标准。在孟子看来，"为利"是小人的行为，盗跖的品质；而为义即"为善"则是君子的行为，圣人的德性。因此，与孔子"君子喻于义，小人喻于利"思想一脉相承，孟子也以"为利"还是"为义"作为区别小人与君子的价值标准。由此可见，君子之为"君子"，善之为"善"，关键在于"为善""为义"还是"为利"，只有做到"为义"，进而做到"舍生取义"，才能"不为苟得"，才会做到"富贵不能淫，贫贱不能移，威武不能屈"。

但是，在把哪些人培养成为"尧舜""大丈夫"即教育对象问题上，孟子提出了培养"英才"——与孔子"有教无类"完全不同的见解。表面看来这是一种倒退的教育对象观，实际上，这是由于孟子与孔子所面临的社会政治环境不同，所要解决的社会问题也不同。孟子所处社会需要解决的是如何培养实现社会政治统一的人才，即能够担当完成统一大业的天降大任人才的问题。因此，在当时情形下，提出培养"英才"的教育目标观，相比一般的"有教无类"思想更有现实价值，更具可行性和进步性。孟子认为培养理想人格的思想如下。

第一，"持志养气"。所谓"持"即坚持、保持、维持之意。所谓"志"即理想、信念之意。所谓"养"即修养、培养、培植之意。所谓"气"即心理状态、精神培养之意。"持志养气"的意思是要具有坚定不移、持之以恒的社会理想并为之奋斗终生。孟子的社会理想既具体又抽象。从具体来看，是"老吾老及人之老，幼吾幼及人之幼"，是"老者衣帛食肉，黎民不饥不寒。仰足以事父母；俯足以畜妻子。乐岁终身饱，凶年免死亡"，是"人伦明于上，小民亲于下"；从抽象来看，是"志于仁（人世伦理、道德），志于道（社会规范、法则），志于义（人类正义、真理）"，是"舍生取义"。

如果说"善性"在先天就呈现出某些内在属性，那么"气"（人格自由、独立境界）则完全是后天养成的。孟子首次提出"养气"说。他说："我善养吾浩然之气。"（《孟子》）其指出，"气"生于"义"，即"气"是心中之"义"日积月累而产生的，而不是偶然从心外取得的。"义"又与"仁"有关，二者与"仁"是统一的："义"生于"仁"而高于"仁"，"仁"是"义"的基础；"仁"是内在的，"义"是外在的；"仁"是情感的，"义"是理智的。"仁也者，人也；合而言之，道也""仁，人心也；义，人路也""人皆有所不为，达之于其所为，义也。"意思是说，人都有不应当做的事情，知道了这一点，就要去做应当做的事，这就是"义"。"义"也要求对自己和别人的不当行为报以羞耻和憎恶的态度。

由此可见，"义"的一般含义，就是要求区别行为之当与不当、善与恶，从而去做应当做之事和善事，羞恶不当和不善的行为。这样一来，孟子就使得"气""义""仁"，即人格、理智、道德三者有机统一起来，是人格具有鲜明的理智性和伦理性。"气"就成为在充分扩充仁义本性基础上，所产生的一种强大精神力量，相当于"勇气""正气""气节"等，它宏大刚强，不可战胜，具有气壮山河的伟力。"养气"，就是要求通过教育修养和道德践履来养成这种所谓"至大至刚""充塞于天地之间""富贵不能淫，贫贱不能移，威武不能屈"的个体独立自由人格。要求无论在任何情况下，都要毫不动摇对仁义信念的追求，甚至在必须做出牺牲时能自觉自愿地以身殉道、舍生取义。因此，"浩然之气"作为一种矢志不渝的人格精神境界，是以道德的理性自觉为基础的。孟子"持志养气"思想，对中华民族自由独立人格的形成，对培养民族气节、伸张民族正气产生了积极的影响。

第二，"苦其心志"。人生不是一帆风顺的，必然会遇到许多的困难挫折，因此在追逐理想、陶冶人格过程中，必须有坚强的意志品质。而坚强的意志品质需要经过艰苦的身心磨炼才能形成。孟子不像孔子那样重视兴趣、爱好等感情态度的陶冶，却特别注重意志的锻炼。他认为，一个人的良好道德和聪明才智，都是从艰苦患难中磨炼出来的。这样一来，他就不自觉地摆脱了"善端""良知良能"等先验"性善论"的限制，认识到后天环境影响对促进人的良好道德和聪明才智的形成的重要性。孟子又产生了身体、物质和精神上经受艰苦磨炼，是培养坚强意志的重要因素这样的认知。勤劳筋骨、乏资缺粮对身体的艰苦折磨会使人的意志更加坚强；一个人如果总感觉自己的行为来得如意，而有意识使自己在思想上保持警惕，可以使人思想受到震动，坚韧情性。孟子关于"苦其心志"，即在困苦灾患中磨炼意志的思想是较为深刻的，对如今人才成长和培养仍有着重要的现实意义。

第三，"养心寡欲"。所谓"养心"，即竭力呵护"四心"，努力减少私欲之意。亦即保持养护纯粹之善心，淡泊物欲享受、不受外在物质利益引诱的意思。孟子认为，要将善端变为实在的善行，善性全靠存养和扩充，而存养扩充的主要障碍，来自人的耳、目、口、鼻这些被他称为"小体"的感官渴望，因为这些"小体"不具备理性，比较容易受到外物引诱，从而致人走入歧途。所以修身首要的任务就是摒弃一切外来干扰，在处理如何排除这些不利因素时，必须做到"寡欲"。他认为一个人渴望很少，那么其善性同样就会很少丧失，即无欲则刚；反之，如果一个人渴望很多，那善性就会很少，甚至全部丧失。所以要做到寡欲，必须发挥人理性思维的作用。这种思想对后世董仲舒、朱熹都产生了深远影响。孟子要求"大丈夫"要坚定不移地执守着自己的理想信仰，不为衣食、富贵、权势所动摇。这种为了实现崇高理想，践行良好道德而不计私利不追逐物欲的思想，在一定条件下，对人才培养和成长是有其积极借鉴意义的。

第四，"反求诸己"。孟子继承了孔子"君子求诸己"的主张，提出了"君子必自反"的口号，孟子认为："行而不得者，皆反求诸己。"行动得不到预期的效果，要求先要反过来从自己身上寻找原因。他以学射为例说："射者，正己而后发；发而不中，不怨胜己者，反求诸己而已矣。"如果自己射箭没有射中，不应埋怨胜过自己的人，而应该反过来问问自己的姿势是不是正确。"反求诸己"的另一个要求是"乐取于人"，即在自我反省的同时，还应"舍己从人，乐取于人以为善"。换言之，就是要勇于改正自己不正确的东西，学习别人正确的东西，乐于吸取别人的长处。他举子路闻过则喜、夏禹听到善言拜谢、虞舜虚心学习别人的长处等例子，激励人们善于学习别人的长处来完善自我道德人格修养。

（三）孟子教育思想的内容

第一，孟子认为学校教育的主要内容就是教以"人伦"，换言之，就是教学人文社会学科知识。"人伦"是孟子教育思想的一个重要概念。孔子虽然"贵仁"，但是，强调"仁"与"礼"的统一。孟子继承了孔子的"贵仁"思想，但是不强调"礼"而是更突出了"义"，提出仁、义、礼、智四德相统一的思想体系，并首创"人伦"作为"仁义"之道的思想前提。除"朋友有信"外，其余"四伦"都体现了等级关系。实质上，"人伦"是对社会伦理关系及其政治法律制度的概括，它包括了政治、法律、管理、历史、哲学、文学等学科的知识，对维护社会秩序起着重要的作用。另外，孟子明确把"明人伦"作为"为国"以至"王天下"的根本大法。

孟子认为，教育的重要社会作用就在于：向广大民众宣讲阐明这五种伦理道德，"谨庠序之教，申之以孝悌之义"，即反复阐明孝敬父母和尊敬兄长的大道理，以实现社会改良、稳定和长治久安。因此，孟子教育的内容就是"孝悌之义"即"人伦"。这是因为孟子认为孝悌是整个社会伦理道德的核心。孟子以"人伦"为主要内容、以"明人伦"为主要任务的教育思想，在教育界乃至社会发展的影响都是很大的。汉代以后，儒家思想成为我国思想的支柱，以"明人伦"为中心内容和任务的儒家教育，广泛传布了道德，深刻地影响着我国社会的教育。

第二，孟子认为，人伦主要载于儒家经典中。必须借助儒家经典来培养学生，使其掌握修己治人之道，因此儒家经典必然是主要的教学材料。对于儒家传统的《诗》《书》《礼》《乐》《易》《春秋》等经典，它比较偏重《诗》《书》《礼》《春秋》而轻《乐》《易》，尤重《诗》《书》。孟子主要通过《诗》《书》来阐述儒家思想。孟子虽然主张读书，却反对"唯书是从"，盲目崇尚书本知识。

第二节　中国古代的墨家教育思想

"以墨子为代表的墨家学派是春秋战国时期重要的学术流派。他们强调环境对教育的重要作用。重视科学技术，崇尚实践、身体力行。其丰富、独特的教育思想对当今教育改革具有一定的借鉴和启示作用。"[①] 下面以墨子为例，阐述中国古代的墨家教育思想。

墨子，名翟，鲁（今山东）人，或曰宋（河南）人，曾为宋国大夫。他是先秦时期有巨大影响的思想家、教育家。墨子所创立的墨家学派，独树一帜，与儒家相抗衡，两家相互驳难，揭开了先秦"百家争鸣"的序幕。直至整个战国时期，儒墨两家一直处于"显学"地位。墨子出身微贱，长于工艺。他本人当过车工，又研究筑城，善造兵器和其他器械，会做"任五十石之重"的大车。《墨子》相传为墨子所著，是研究墨子及墨家教育思想和教育实践的重要资料。《墨子》，汉时有71篇，宋时存63篇，现仅有53篇。它的教育思想，远不及《论语》丰富，其中与教育关系较密切的有《修身》《所染》《尚贤》《尚同》《兼爱》《经》《经说》《公孟》和《小取》等篇。《墨子》一书，既有对古代文化典籍的广征博引，又记载了许多科学技术知识。以此推测，墨子本人可能是刚刚由摆脱宗法羁绊的小手工业者，上升为"士"阶层的知识分子。

据《淮南子·要略》记载，墨子早年曾说"学儒者之业，受孔子之术，以为其礼烦扰而不说，厚葬靡财而贫民，久服伤生而害事，故背周道而用夏政"。事实上，墨子确也"通六艺之论"，与孔子有着共同关心的问题，也算是孔子的一个后学。因而，说墨子创立的墨家为"六艺教育思想的支流"是有一定道理的。墨家学派既是一个学术团体，又是一个纪律严明的政治集团。墨子生活的时代，社会性质同孔子之时尚无明显变化，只是小农、小手工业者和私商的社会地位得到了提升，但是仍处于被剥削压迫的状态。他们要求发展小手工业经济，参与政事，在加强贵族"王公大人"的中央集权制的基础上，实行贤

[①] 赵本全. 墨子及墨家教育思想的现代诠释 [J]. 文教资料，2011（34）：138.

人政治。这一思想与儒家无根本矛盾，因而是墨家政治上劳而无功的根本原因。

墨子作为墨家学派的创始人，也是继孔子之后，第二个带领弟子游说列国的人。"上说下教，天下不取。上下见厌，强聒不舍。"可见他虽然到处碰壁，但是，仍坚持不懈，具有坚韧、积极主动的献身精神。他与孔子一样"徒属弥众，弟子弥丰，充满天下"。战国孟子生活的时代有"杨朱墨翟之言盈天下，天下之言不归杨则归墨"之说，而与道家中分天下，说明墨家也是一个学术团体。墨家首领为巨子，实行禅主制。墨者须竭诚拥戴，奉若圣人，并成为其信徒。墨家组织严密，招之即来，令行禁止，赴火蹈刃，死不旋踵；墨家纪律严明，无论何时何地、何种身份，必须遵循墨子的学说，服从团体的法规命令。因而，它是一个学术、政治团体。

一、墨子教育思想的目标

墨子将推行教育看成"爱人""利人"的重要内容与有效措施。他根据其社会政治理想，认为教育目标应该是培养"兼爱交利"品质，能够"爱利万民"以实现其"兼相爱，交相利"社会理想的"兼士"或"贤士"。"兼士"是相对"别士"而言。墨子认为"别士"只顾自我，不为别人，自私自利。"兼士"的标准有三条，即伦理道德、思维论辩和知识技能。在墨子看来，"为义"的"兼士"达到了这些要求，才有投入社会实践、兴利除害的道德品质、知识智慧和实际能力，有"上说下教"、"强力说人"、向社会推行"兼爱交利"主张的能力。尤其是懂得以"兴天下之利、除天下之害"为己任，不分彼此、亲疏、贵贱、贫富，都能做到"饥者食之，寒则衣之，疾病侍养之，死丧葬埋之"。当需要的时候，"兼士"还能毫不犹豫地舍己利人，具有"为身之所恶以成人之所急"的献身精神。

墨子也像儒家那样提出"贤士"的培养目标。"贤良之士众，则国家之治厚"指他们是国家之珍宝而社稷之佐臣。他主张通过选贤用能来改变现实生活中用人以亲、以势、以财，而不问贤能与否的政治和社会不合理现象，做到"不党父兄，不偏富贵，不嬖颜色"。但对"贤士"的理解与儒家却相去甚远。儒家以"君子"为人格理想，墨家则以"兼士"为人格标准。孔子的"仁爱"是由亲至疏，是有差等的。他所培养的"君子"也具备三方面的品质，即"智者不惑，仁者不忧，勇者不惧"，突出了道德伦理性。君子通过"学而优则仕"进入仕途，为官从政以行其道，这是他教育的最终目的。墨子则认为，"贤士"应具备前述"兼士"的伦理道德、思维论辩和知识技能等三种素质，更强调其实用技能性。他还主张"选择天下贤者"，并自天子、三公、诸侯直到乡长、里长，皆应由"贤士"充任。设置各级官吏之后，百姓就要以上级官长的是非为是非，自下而上地逐层统一思想，最终做到"天下百姓皆上同于天子"。

墨子"周行天下，上说下教"，其教育对象非常广泛，上至王宫大人，下及"农与工肆"之人、匹夫徒步之士，即王公贵族、农民、手工业者、商人以及社会闲散流浪人士，力图将他们培养成为"兼爱交利""尚贤尚同"的"兼士"，以实现"兴天下之利，除天下之害"的终极目的。墨子主张培养"兼士""贤士"，实行"尚贤尚同"的思想，明确要求突破"王公大人骨肉之亲无故富贵"的世袭制度，提出了"官无常贵，民无终贱"思想，有力地影响了西周以来的礼治传统，将教育对象扩大到"农与工肆之人""匹夫徒步之士"，是孔子"有教无类"教育对象思想的发展，但是相比孔子的"有教无类"更加广泛，反映了他"兼爱""尚同"的社会理想，是最原始的"人人接受教育"的真正教育权利平等、教育机会均等思想，但是，不但在当时即使是在现在的条件下也是难以实现的，因而只能是一种不切实际的空想。然而，其中所闪烁的平等、博爱精神，却是人类的一笔可贵的教育精神遗产。

二、墨子教育思想的内容

墨子的教育内容是服务于他的教育目的的。他从当时的社会政治生活实际和经济生产发展的需要来设计，对儒家的教学内容采取择其善者而从之，对不善者则弃之的态度。因此，他所设置的课程内容与儒家教育内容既有相同的一面，也存在很大不同。出于培养"兼士"的需要，墨子为墨家私学确定了一套很有特色的教育内容，主要包括"德行、言谈、道术"等方面。

（一）"厚乎德行"的道德教育

墨子很重视道德观念的教育。他将"兼爱"与"正义"作为最高的道德理想，并看作"上说下教"教育的根本内容，谆谆教导弟子要"视人之国若视其国，视人之家若视其家，视人之身若视其身"，实施无差别、无等级的"兼爱"。墨子认为，当时最大的问题是社会存在"三患"，即"饥者不得食""寒者不得衣""劳者不得息"；而同时，王公大人们正在寻求着"三务"，即"国家之富""人民之众""刑政之治"。墨子本人有志于解决"三患"，实现"三务"。

另外，墨子根据不同的社会问题，采取不同的方针，提出了一些主张，主要包括：①通过"兼爱"实现人与人之间的平等与和睦；②通过"非攻"去除强凌弱、众欺寡的非正义征战；③通过"尚贤"破除世袭特权，实行民众选举的贤人政治；④通过"尚同"规范人们的道德习惯、统一人们的思想行动；⑤通过"节用""节葬""非乐"制止费民、耗财；⑥通过"非命"鼓励人们在社会生活中自强不息。这些主张可概括为：兼爱、节用。兼爱是核心，强调的是"相爱相利"，以及"君惠、臣忠、父慈、子孝、兄友、弟悌"等内容。墨子以这些内容来培养"兼士"高尚的思想品质和坚定的政治信念。

（二）"辩乎言谈"的文史知识教育

墨子曾"诵先王之道，通圣人之言，习六艺之论，学百国春秋"，精通"名辩之学"（逻辑学），出于儒家却超越儒家，因而对儒家的教学内容采取了择其善者而用之，对其不善者则非之的态度。他仍将儒家的《诗》《书》和《百国春秋》作为其教学内容的一部分；同时又针对儒家的教学内容，明确地提出"非乐"。他认为嗜爱声色伎乐，不仅浪费人力物力，而且还消磨人的意志，使统治者怠于政事、人民怠于耕织，终将会招致饥寒交迫而败亡的结局。这在诸侯争霸、列强纷争的时代无疑是有积极意义的。但是他反对音乐和文娱活动，忽视音乐与美育在陶冶情感方面的积极作用以及健康音乐对形成良好道德品质所产生的感染力量，这当然是片面的。

名辩教育及思维训练教育，也属于智力教育的重要组成部分，即培养训练思维能力和论辩才能的教育。为了形成"兼士"的是非判断和与人论辩的能力，墨子重视认识和思想方法以及形式逻辑的教育。一方面，他提出了建立一种学说或判断一种理论的客观标准"三表法"。一表为"有本之者"，"上本之于古者圣王之事"，即以历史经验为准；二表为"有原之者"，"下原察百姓耳目之实"，即考察民众的经历，以作参照；三表为"有用之者"，"发以为刑政，观其中国家人民百姓之利"，在社会实践中检验思想与学说的正确与否，即看应用效果。三表中，墨子把"国家百姓之利"摆在第一位；第二位是"古者圣王之事"；第三位是"众人耳目之情"。"三表法"体现了尊重实践、尊重感性经验、尊重民众意愿的进步性。但墨子依据"三表法"，论证了鬼神的存在，表现了其狭隘经验论缺陷。

另一方面，他认为，"兼士"还必须掌握思维和论辩准则，"辩乎言谈"是墨子心目中贤良之士的必备条件。他在中国逻辑史上首先提出"类""故"的概念，要求学会"察类明故"。"察类"，主要是指区别同类和异己，提高思辨认识一类事物的能力；"明故"，就是探明事物之间的因果联系，求得事物之所以然。在他看来，事物之类是由事物之故决定的。因此，墨子认为，提出一种学说也好，采取一种行动也好，分析一桩事物也好，都要有根据，要讲出道理，合乎逻辑，以理服人。因此"兼士"要善于论辩，必须掌握和遵循逻辑思辨规律。墨子"名辩"教育中的"辩学"是一门重要课程，相当于我们今天学校开设的"逻辑学"（或"形式逻辑"）。可以说，墨子是我国古代教育史上进行逻辑学系统教育的第一人。墨家逻辑学内容全面、系统、深刻，至今仍具有强大的生命力，墨子理所当然成为中国历史上逻辑教育的最重要奠基人。

（三）"博乎道术"的生产技能与科技知识教育

在墨子的教学内容中，生产劳动知识及其技能的教育占有很大比重，这与孔子鄙薄生产劳动、轻视科技知识教育的观点有显著不同。他不仅教育弟子要努力掌握一定的生产技术和技能技巧，而且他本人就能直接从事生产劳动，并有高超技艺。墨子科学技术教育的面涉及很广，主要有光学、力学、几何学（形学）等自然科学，还包括与自然科学关系密切的心理学。墨子关于自然科学知识的教育，在中国古代没有一个教育家能够与之相比。

《墨子》集中反映了墨家传授科技知识的情况，其中八条阐述了所授光学的内容。第一条至第五条，介绍了光、物、影三者间的复杂关系，属于几何光学中"论影"的部分；第六条至第八条，介绍了平面镜、凹面镜、凸面镜中物与像的关系，属于几何光学中"论像"的部分。墨家传授的光学知识囊括了几何光学的基本内容，而且也是由影论到像论的框架，系统而概括，堪称科技教育史上少而精的典范。在力学的内容中，阐明了力的定义，即"力，形之所以奋也"；讲述了杠杆与衡器的应用，揭示了杠杆平衡的道理；介绍了许多重要的力学现象。

墨子的形学，包括了丰富的几何学内容。在传授自然科学的同时，也讲授了自然观，涉及时间、空间、物质运动、物质变化等内容。墨家所传授的自然观，是自然哲学与自然科学的统一，有不少物理学、生物学、几何学的知识。与教育理论直接相关的，是心理学的论述。他们讲授的内容有心与物的关系、梦的定义、睡眠状态中的"知"，还论述了人的感觉与感情的区别、感情的本质、思维的作用、思维与语言的关系等。其论述系统朴实，在多年前能进行如此的心理学教学，实属难能可贵。

墨家学派主要是以农民、手工匠人和小商人、社会闲散流浪人员为主体的阶层，他们"各从事其所能"，他们在长期生产实践和社会生活中积累了丰富的经验，发现了许多自然科技和生产劳动的知识。因此，墨家广博的科技教育内容，是对墨家社会生产生活经验的科学总结，体现了实践与科研相结合的特点，内容丰富、水平先进，充满了唯物论和辩证法的科学精神。它们突破了儒家六艺教育的范畴，堪称伟大的创造。

三、墨子教育思想的原则

在教学过程中，墨子认为应该坚持因材量力、主体主动、述作结合、行为学本、察类明故等原则，具体内容如下。

（一）因材量力原则

墨子认为，在"强说强为"的主动教学中，也应遵循因材与量力原则。墨子强调因材施教。他说："能谈辩者谈辩、能说书者说书，能从事者从事"，"深其深，浅其浅，益其益，尊（搏）其尊（搏）"。（《墨子·耕柱》）意思是说，对学生程度深的要教得深一些，对学生程度浅的要教得浅一些，并根据学生的接受能力，应该增加教学内容就增加，应该删节就需要删节。教学需要因人而异，不可千篇一律。"因材"是"上说下教"的原则，是因国因事而异的教化。在此基础上，墨子进一步提出"量力所至"的量力性原则，就是根据个体的能力施以相应的教育。墨子以学射箭为例，认为国士学射箭尚且没有成功，学生不如国士，怎可既成就学业又学成射箭，因此，教学必须量力而行。

（二）主体主动原则

第一，"不扣必鸣"。教学是师生两个主体协调互动的活动，只有当两个主体都积极主动地投入其中，才能获得良好的效果。否则，都达不到应有的目的。因此，墨子不同意儒家等待学生上门求学消极被动施教的做法，提倡送教上门积极主动施教。墨子本着"为义"的精神进行"劝教""说教"而不能"怠倦"，不独要有问必答，而且须"不扣必鸣"。

第二，"强说强为"。"夫义，天下之大器也，何以视人？必强为之。"墨子提出"强说强为"的主动教学方法。这是指教师应要有积极主动的教学态度，即使学生不来求教，教师也应积极主动送教上门。墨子认为，正义、真理（"义"）是靠推广、靠灌输才深入人心的，不必待问而发，"不强说人，人莫之知也。"作为掌握了知识、拥有了真理、坚持正义的人，应当积极主动地去向广大民众宣讲、传播知识、真理（"义"），即"劝以教人""强说强为""上说下教"，即使"天下不取，上下见厌"，也"强聒不舍"，持之以恒。墨子强调教育者的主动主导作用，具有合理的内核，但是片面强调主动施教，而忽视学习者的内在兴趣和主观能动作用的发挥，容易使教学陷入一种注入模式。

（三）述作结合原则

墨子不同意孔子"述而不作，信而好古"的做法，主张"述作结合"。他说道："古之善者则述之，今之善者则作之。欲善之益多矣。"（《墨子·耕柱》）"述"即"诵""通""习"。"作"是制造、创作、发明；"述"是继承，"作"是发展；"述"是基础，"作"是提高。述作结合原则是墨家教育实践经验的总结概括。墨家教育既有对先前文化的继承传授，同时又有对文化的创造发展。在教育实践中，墨家很好地坚持贯彻了这条原则。这一原则也是墨家教育的客观要求。墨家教育要培养的是既能推行"兼爱交利"之"义"于天下的人才，又能进行生产技术和科技发明创造的人才，就不能墨守成规，因循守旧，而必须开拓探索，发明创新。只有坚持"述作结合"，即继承与创新相结合，才能培养出能够推动社会发展和科技进步的创新型人才。

（四）行为学本原则

墨家是一个力行学派，提出"士虽有学，而行为本"。这是坚持教育的实践第一原则。尽管孔子也说过"行有余力，则以学文"，并把"行"作为"学"的一种形式，但总体上他是主张"学行"并重的。墨家教育的特点决定墨子把实践作为教育的基础。他强调"口言之，身必行之""信身而从事""合其志功而观"，坚决反对不务实事、言行不一、动机与效果相违。墨家学术是一种实践的学术，注重社会实践这一点，在先秦诸子当中首屈一指。墨家的实践，除了道德、政治等人文、社会范围外，还包括生产和科技等，远远超出先秦其他各家教育实践的范围。墨子坚持"行为本"原则，强调教学实践，重视指导学生进行实际操作和科学实验，要求从实践中获取真知，有利于培养锻炼学生的实际工作能力和创造发明能力。但是有忽视系统理论知识学习的一面。

（五）察类明故原则

"察类明故"，即引导学生对客观事物进行合理的分类，分析各类事物的同异、因果及其根据，探明其原理、规律。即如他所说，"古者有语：'谋而不得，则以往知来，以见知隐。'谋若此，可得而知矣"。这种"察类明故""以往知来，以见知隐"等教学方法，既有利于培养学生的观察分析能力，又有利于培养学生的推理思维能力。

墨子在教学中很讲究方法，既注意考察具体譬喻及实例，又善于引导学生思考，知其所以然。他在《墨子·小取》篇中说："譬也者，举他物而以明之也。"他经常向学生提出"何自""何故""何以为""将奈何""何以知之"等问题，启发学生动脑子思考问题，把握问题的实质和规律。既要观察分析，又要归纳综合；既要触类，也要旁通；既要广泛把握事物的各种外在现象，也要深入把握事物的内在本质规律；不但要知其然，还要知其所以然。这是墨家教育思想的一个突出特点。

四、墨子的道德教育思想

墨子是很重视道德教育的。他将"厚乎德行"作为教育的第一个方面就表明了这一点。这当然是从培养"兼士"的教育目标需要出发的。他认为,"厚乎德行"的道德教育内容包括十个方面,那就是:"兼爱""非攻""尚贤""尚同""节用""节葬""非乐""非命""天志""明鬼"。"兼爱"不是空泛的而是实在的,必须落实到思想、组织、经济等三个方面。首先,"非命"是落实"兼爱"的思想保证。其次,"尚同""尚贤"是落实"兼爱"的组织保证。"尚同"就是要求各级官吏都要与自己的上级保持一致,最终统一于天子。"尚贤"就是要使得"官无常贵而民无终贱",举荐"贤良之士"并"富之、贵之、敬之"。最后,"交利"是"兼爱"的经济保证。

另外,墨子从"兼爱相利"思想出发,提出"重利贵义"的义利观。"义"是墨子的最高道德范畴,成为伦理道德及其教育的总纲。他说:"万事莫贵于义","夫义,天下之大器也","天下之良宝也"(《墨子·贵义》)。这是因为"义"具有十分重要的"利人利天下"作用。同时,墨子把"义"作为达到"利人"和"利天下"的手段,提倡"贵义",这是义利观的又一层含义。他认为,"天下有义则生,无义则死;有义则富,无义则贫;有义则治,无义则乱"。这就把"义"与"利"密切联系起来,甚至认为"义"就是"利"的意义。"义,利也",对"义"做了独特的经济学解释。所言的"利"主要是指"天下之利""他人之利",认为"利人""利天下"是仁者从事的最高目的,达到了义利统一。一切言论行动,都以是否有利为标准。凡是符合"利天下""利人"的行为,就是"义";反之,类似于"亏人自利""害天下"的行为,则是"不义"。这种以"义"为中心的道德教育思想与孔子以"仁"为中心的道德教育思想存在明显的区别。首先,孔子重"仁",主张"杀身成仁",墨子重"义";其次,孔子把"义""利"看成是矛盾的,将"义"与"利"对立;墨子则把"义""利"看成是可以统一的。以"利"释"义",以"义"为中心,以"利"根本,这是墨子道德教育思想的独特价值。

(一)墨子"利本"道德教育的功利主义实质

墨子是先秦诸子中唯一只谈论功利的人,他以"兴天下之利,除天下之害"作为墨家集团的奋斗目标。墨家集团远离虚浮走向实用,体现出实用功利的特征。墨子以利人作为道德评价的标准,要求人们要"兼相爱,交相利",提倡"有力者疾以助人,有财者勉以分人,有道者劝以教人"。倡导"有道相教",认为教人耕织者,教天下以义者,强说人者,其功劳和贡献非常多。墨子还主张"义利统一""合其志功而观焉",即从动机和效果两个方面评价人们的道德行为。这些思想具有明显的功利主义实质。

墨子所言之功利和杨朱的"为我"大相径庭。他所说的利不是利己而是普天同利,所追求的不是一己之私利而是大众普遍之利。"利"包含着十分广泛的内容,只要能使人喜欢的事物都可归入利的范畴。但由于墨家代表当时手工业小生产者的利益，他们的劳动以及生活简单、实在、朴素而不尚烦琐、虚浮、奢华，墨子本人也过着"量腹而食，度身而衣"的生活。因此，诸如衣食、舟车、住宿、工艺品等物质材料，才是墨家之利的重要内容。由此可见，墨家所言之"利"非常朴素且具体，以"实在"合于"民用"为主体，其实质为天下百姓大众之"利"。

墨子一反儒家"重义轻利"的观念，主张既"贵义"又"尚利"；主张"义"以"利"为内容和目的，"利"以"义"为价值标准；以"利"释"义"，以"义"求"利"，从而实现义利统一后世。墨家甚至认为"义，利也"。"若事，上利天，中利鬼，下利人，三利而无所不利，是谓天德。故凡从事此者，圣知也，仁义也，忠惠也，慈孝也，是故聚敛天下之善名而加之"，三利之中，利人是基础和根本；反之，"若事上不利天，中不利鬼，下不利人，三不利而无所利是谓之（天）贼，故凡从事此者，寇乱也，盗贼也，不仁不义，不忠不惠，不慈不孝，是故聚天下之恶名而加之"。这是他"兼相爱""交相利"思想的反映。"兼相爱"是一种人道主义的"义"，而"交相利"则是一种功利主义的"利"；"爱人"者必"利人"，"利人"是"爱人"的表现。"兼相爱"必然要求"交相利"。所以，"义"与"利"在根本上是统一的。这种以实际功利为立论前提的功利主义，及其义利统一思想成为其"利本"道德教育思想的理论基础，同时也使墨子的道德教育思想具有明显的功利主义实质。

（二）墨子"利本"道德教育的层次结构

在道德教育方面，墨子的观点亦受其功利主义实用精神的影响，表现得实在和现实而不好高骛远，他以具体问题具体分析的灵活思维对道德教育做了"亏人以自利""杀彼以利我"，"兼相爱交相利"和"摩顶放踵以利天下"等三种要求不同的层次划分。墨子主张不侵犯他人利益，坚决反对"亏人以自利""杀彼以利我"，这是墨子提出的个体应该遵循的道德底线。"杀彼以利我"是巫马子、杨朱等人提出的个人利己主义道德观。

《墨子·耕柱》以兼爱观为依据对此进行了批驳，指出必须爱别人，自己才能得到别人的爱护，"亏人""杀彼"者，是不能"利我"反而"害己"的。墨子说："爱人利人者，天必福之；恶人贼人者，天必祸之。"墨子认为人们争夺不止的根源在于人与人之间不相爱而"别相恶"。他把人们的自私自利叫作"别"，"恶人而贼人者，兼与？别与？即必曰，别也。然即之交别者，果生天下之大害者欤！"他认为"别"是天下一切祸害的根源，以"别"为行为方针就必然导致"亏人利己""恶人贼人"，所以需要"以兼相爱，交相利之法易之"。

"兼相爱，交相利"是墨子提出的社会世俗层面的道德教育要求。"兼爱"是一种人本主义思想。墨子认为"兼爱"是社会层面的要求。换言之，应当不分厚薄亲疏，都施以同样的爱，不但要爱一切人，而且要给一切人同等的爱。"兼爱"亦是感情层面的要求，强调人们相互地、平等地爱。双方都要承担"爱"的义务，也都享有"被爱"的权利。墨子反复强调："爱人若爱其身""爱人之亲若爱其亲""爱人者，人必从而爱之""爱人者，必见爱也"。墨子说："视人之国，若视其国；视人之家，若视其家；视人之身，若视其身。是故诸侯相爱则不野战，家主相爱，则不相篡；人人相爱，则不相贼；君臣相爱则惠忠，父子相爱则慈孝，兄弟相爱则和调。"如果人人都能将别人的国家、家庭、身体当作自己的一样认真对待，那么这个社会就不会有不忠不义不孝之事。由此可见，墨子体现出了理想主义的一面，强调人与人之间的平等，呼吁建立人与人之间的"我—你"关系，突破当时的"他—我"关系，突破了儒家尊尊、亲亲的一面。但是，在以家族为社会基础的国家中，爱是有层次和等差的，无差等的泛爱在现实中是无法实现的，墨子在一定程度上忽略了爱的差别性和等级性，这是他的历史局限。

"交利"是一种功利主义思想。墨子提出："利人者，人必从而利之。"又说："必吾先从事于爱利人亲，然后人报我以爱利吾亲也。"由此可见，墨子的兼爱交利并没有否认个人的自爱自利，他充分肯定人的好利之心，并且，希望通过合理的途径使之得到一定程度的满足。但墨子的意思并不仅限于此。他认定好名逐利是人性的固有倾向（本性），即便是普通民众，他们之所以爱人利人，完全出于自爱自利的需求。"夫爱人者，人必从而爱之；利人者，人必从而利之；害人者，人必从而害之。"即爱人利人的目的不在于完善道德人格的需要，而是权衡利害之后的明智选择。

在墨子看来，"兼爱"与"交利"、人文与功利，不仅不矛盾，而且是完全能够统一的。首先，二者互为因果。兼爱是互利的原因，交利是兼爱的结果；其次，交利是兼爱的原因，兼爱是互利的结果。爱人时必须给对方以实惠利益，使对方在爱中得到实惠。墨子总是将"爱""利"并提，"天必欲人之相爱相利""此自爱人利人生"。这样相互地爱就成了相互交利，"利人者，人亦从而利之"，从而"万民被其利"，"天下皆得利"。爱别人就是爱自己，自己会从爱别人中得到喜悦和利益。不仅是物质层面的东西，有时我们更多是精神层面的愉悦。爱人的情感是与利人的行动紧密相连的，爱与利是一个统一的整体，只有交利才能使兼爱落到实处，从而使空洞的道德说教，走近大众的道德现实生活，使得高高在上不可触摸的道德高标变得伸手可及，易于被接受。

从理论上来看，"兼爱"是功利的，"交利"是道义的。"兼爱"须以"交利"为基础和内容，"交利"又以"兼爱"为目的和旨归。但是二者也不总是一致的。"兼爱"作为一种道德行为，是人类尊严和内在理性力量的一种体现，具有超功利的崇高的一面；"交利"作为一种经济行为，是人类物欲力量的表现，具有功利的一面。"兼爱"的崇高性表明，道德作为一种普善的规劝，并不鼓励人们追逐物利，成为一定社会抑制功利追求过分膨胀的力量。"交利"表明，物欲作为一种对人们的功利刺激，成为一定社会促进进步发展的积量。墨子的"兼爱"所要追求的本是社会普遍之利（"兴天下之利"），但是，他在试图将"兼爱"内化为个人的道德追求时，却以个人功利为基础和出发点。这种看似矛盾的"利本"道德观，正是墨家用来调和甚至解决社会矛盾的关键。这在我国全面实行市场经济体制的今天，仍不失为解决社会大众道德和经济之间矛盾关系的思想方法。

"摩顶放踵，以利天下"是墨子提出的最高道德境界。墨子虽然以"兼爱交利"的平等道义功利主义作为世俗层面普遍道德教育的主要标准，但他同样提倡不计个人功利得失而乐于助人的崇高的利他主义道德教育理想。孟子高度评价了墨家的这种利他主义道德教育理想。利他主义是墨子的最高道德教育理想，表现在许多方面。"教天下以义者功亦多。""教人以耕者其功多。"墨子认为："（教人耕织）虽不耕织，而功贤于耕织。"（这是墨家道德教育的最高境界。在这种道德理想指引下，墨家团体成员就以不计个人得失而乐助他人为行为准则。墨家大力提倡不计报酬的助人济世精神，在利他主义道德理想支配下，墨家弟子为了天下太平和万民之利、国家之利皆有吃苦耐劳、奉献牺牲的精神品质及其行为。

（三）墨子"利本"道德教育的原则体系

1. "以行为本"

"以行为本"不仅是知识教学的重要原则，也是道德教育的重要原则。这是实践第一原则的反映。墨家教育的特点决定墨子把实践作为道德教育的基础。墨子坚持"以行为本"原则，强调道德教育实践，重视引导学生自觉进行道德修养实践，要求学生在道德实践中养成道德品行。

2. "言行相符"

墨子在《墨子·兼爱下》篇中说："言必信，行必果，使言行之合，犹合符节也，无言而不行也"，并认为，"言不信者行不果"。墨子比较注重躬行实践的原则，主张君子必须"以身载行"。他很重视言行的功利效果，对"无所利而不言"和"不足以举行而尚之"的行为斥为"荡口"。墨子反对"言过而行不及"，认为只有"以身载行"讲"兼爱交利"付诸行动的人，才是道德高尚的人。

3. "志强智达"

在道德修养过程中，墨子力言意志之重要，提出："志不强者智不达"，主张"强力而行"，鼓励为理想而献身。他在《墨子·经上、经说上》篇中说："任，士损己而益所为也""任，为身之所恶，以成人之所急"有了这种为别人排忧解难，经受别人所不愿经受的困苦，牺牲自己关照他人这种奉献精神，就一定能担负起"兴天下之利，除天下之害"的历史重任。墨子的学生都能赴火蹈刃，由此可见，其意志品质教育之成功。

(四) 墨子 "利本" 道德教育思想的现代价值

墨子以"义"为中心、以"利"为根本、"义利"统一的道德教育思想为世界道德教育思想史之首创。这种道德教育思想对今天我国市场经济背景下，学校乃至社会道德教育以深刻启发，具有十分重要的现代价值。

第一，加强道德底线教育，增强道德自律。在墨子以"利"为中心的三层次道德说教中，他明确提出道德底线，坚决反对"亏人以自利"的道德行为。当前，在市场经济背景下，我国道德教育也应提出自己的道德底线教育——坚决反对"损人利己"，并且应该加强道德底线教育。道德是人类文明的大地，而非人类生活的天空，让所有的人都在恒定坚实的道德大地上自由舞蹈，是人类文明的目标。当前，在大力发展经济的同时，我们应该呼吁大众遵守道德底线，只有遵守这一人人都力所能及的道德要求，才能对人们的行为产生真正的约束，才能让道德教育真正走入人们的现实生活，使道德教育在实际生活中，发挥其应有的内在约束作用。长期以来，我们的道德教育所注重的是以社会、国家宏大价值为中心的理念世界，致力于将这种理想的信念以道德教育的方式传递给大众，从而改造人们的世界观、价值观。这是一种理念建构的道德而非实际生活的道德，在这种道德说教中，人及其利益消失了。因此，加强道德教育底线教育，让道德教育走向人们的实际生活，让大众回归道德生活，是我国道德教育面前的一项紧迫任务。

第二，重视利人利己教育，和谐人际关系。长期以来，我国道德教育坚持"毫不利己，专门利人"的高标准、高要求，致使很多人因达不到而放弃自我道德约束，加之市场经济观念的冲击，从而出现了道德水准滑坡的现象。即使现在淡化了这种观念，但是其所带来的消极影响仍然存在。"利人必损己"甚至"利己必损人"的思想已经在许多人的心中根深蒂固。在市场经济背景下，如何协调和解决人己关系、义利关系，不仅是社会经济利益问题，也是社会道德教育问题。墨子"兼相爱，交相利"、利人利己统一的道德教育思想及其做法，给我们提供了很好的解决此类问题的案例。"兼相爱，交相利"，既可利人也可利己，人己和谐，义利统一，二者是互爱互利的统一关系。只有这样，才能协调好人与人之间各种利益和矛盾，共建和谐的社会人际关系。

第三，提倡"利他"教育，提升道德境界。墨子道德教育的最高层次是"利天下为之"，以"利他"作为墨家团体成员的奋斗目标。其实，"利他主义"本质上是一种更能体现人本体价值的观念，是一种更能指导人道德行为的思想。人类先要满足衣食住行，生存是第一需要，安全是第二需要，第三需要就是个人的社会价值体现，生存与安全的需要主要从"利己主义"出发，个人社会价值的需要必须通过"利他主义"的行为才能实现。"利他主义"也是一种个体心理情感体验，它其实潜伏在人们心中，只不过平时很少被激发出来。每个人都渴望得到别人的承认，都想在他人面前展现自己的才华和能力，都希望自己的存在对他人有价值，都希望自己在他人面前表现得崇高和伟大。"利他主义"是个人利益与个人社会价值相协调后，而产生的一种互惠双赢的道德理念，是对互爱互利公共道德的拓展和延伸。利他主义道德教育反映了人类社会的最高道德理想追求。当前，我们尤其应当提倡并加强对全体国人的"利他主义"道德理想教育，从而提升社会大众的道德境界。

第四，德育整体推进，不断进行道德教育创新。道德教育具有层次性、历史性、情感性和整体性。在三重道德教育结构中，道德底线教育是道德教育的基础，利人利己教育是道德教育的核心，"利他"主义教育是道德教育的理想追求。道德产生于人们的内在愿望，道德教育应以人的心理情感为起点和依据。在不同的历史时期，针对不同的人群应有不同的道德要求。在当前社会主义市场经济背景下，道德教育不应回避人们正当的利益和正常的经济生活及利益关系，但也要注重提升人们的道德境界，引导人们走向崇高。因此，当前道德教育更应注意处理好经济与道德之间的关系，正视人的物质利益要求和社会价值需要，针对性、创造性地进行分层道德教育，进行民族道德的整体建构。

总而言之，虽然墨子在教育上的贡献不如孔子大，但是他突破儒家"六艺"的范畴，注重生产技术和自然科学教育，重视培养和发展学生逻辑思维能力；强调社会环境的作用；提出了"贵义重利"相统一的道德教育思想；提倡"言必信，行必果"及"摩顶放踵，利天下为之"的道德风尚；首倡"合其志功而观之"的检验行为的道德标准；强调务求实际和强力从事的教学原则等。这些都是儒家难以与之相提并论的，并在中国古代教育史上有着深远而重大影响。

第三节　中国古代的理学教育思想

理学是盛行于宋至清的学术思想派别，对宋以后各朝教育实践及其思想发展产生了很大影响。下面以朱熹的教育思想为例，阐述中国古代的理学教育思想。

一、朱熹教育思想的作用

朱熹是我国南宋时期著名的思想家、教育家，理学的集大成者，他的教育实践时间长，教育经验非常丰富，其教育思想系统博大精深，至今仍具有可资借鉴的价值。朱熹的教育作用思想如下。

（一）"理气"人性论与教育的个体作用

朱熹重视教育对于改变人性的重要作用。关于教育个体作用的论述是与他的人性论紧密联系在一起的。他从"理"一元论的客观唯心主义角度来解释人性，提出了人性就是"理"的观点。朱熹综合了先前各家关于人性的主张，认为人同万物一样都是禀受理与气而生的，持"理气人性论"。由于禀受不同，人性也存在不同的类别，所以他又提出了"天命之性"与"气质之性"的二元人性说。所谓"天命之性"，指的是人生来就具有的属性，由于"天命之性"禀赋的是"天理"，所以天生是纯然至善的。"天命之性"外显为仁、义、礼、智等人伦道德规范。他解释道："仁，则是个温和慈爱底道理；义，则是个断制裁割底道理；礼，则是个恭敬撙节底道理；智，则是个分别是非底道理。"所谓"气质之性"，指的是人生来禀受不同的气而形成的，由于"气"有清浊、昏明的差别，所以气质之性亦有善恶贤愚之分。如果人禀受的是清、明之气，那么他便是善的智者或是贤者；如果人禀受的是浊、昏之气，那么他便是恶的愚者或是不肖者。

在此基础上，朱熹进一步提出"天理"与"人欲""道心"与"人心"的划分。在朱熹的认知中，来源于"性命之正"而出乎"义理"指的是"道心"，是"天理"，是完全符合"三纲五常"所要求的道德意识的；来源于"形体之私"而出乎"人欲"则为"人心"，是低级的自私的，也是万恶之源，是十分有害的。"道心"与"人心"的对立，归根结底就是"天理"与"人欲"的对立。"天理"主要是指仁、义、忠、孝等道德规范，内容包含着仁、义、礼、智。其实质是指人伦关系，以及有利于统治秩序的道德信条，即"三纲五常"。所谓"人欲"是指人们对于物质生活的需求，以及一切违反礼教规定的思想、言论和行为。

因为"天理"和"人欲"是两相对立的。于是，朱熹根据"理气"人性论和"道心""人心"的关系，提出教育个体作用论，作为整个教育思想的基本出发点。教育就是要让人们恢复天理和战胜人欲。朱熹的人性论，一方面说明了人必须遵守人伦道德的必要性；另一方面也说明了改造人的邪恶的可能性。而教育的根本要求，就是使人们牢固树立并保持统治阶级所需要的道德概念和规范，禁止一切违背统治阶级利益的思想和行为。学校教育如此，社会教化亦如此。

另外，朱熹针对不同人禀受"天理"和"人欲"（气质）的不同情况，认为教育对于不同的人起着不同的作用。在朱熹的认知中，"圣人"先天生来是由"清明之气"形成的，因而没有丝毫混浊的混杂。"天下至诚，谓圣人之德之实，天下莫能加也。尽其性者德无不实，故无人欲之私，而天命之在我者，察之由之，巨细精粗，无毫发之不尽也。"因此，朱熹认为圣人是不需要教育的。"贤人"则次于"圣人"，必须通过教育，才能达到"亦无异于圣人"的地步。他说："先明乎善，而后能实其善者，贤人之学。由教而人者也，人道也。诚则无不明矣，明则可以至于诚矣。"（《四书集注·中庸章句》）至于"中人"的培养，教育则起重要作用。在朱熹看来，"中人"由于"气质"之偏，"物欲"之蔽，因而介乎于"君子"与"小人"之间，是很不稳定的，如果施以教育，就可使其成为"君子"；如果不加以教育，也可以成为"小人"。

（二）"明人伦"与教育的社会作用

朱熹除了继承和发挥孟子的思想外，主要是以"明人伦"的性理教育来反对追求功利的科举教育，以消除"忘本逐末，怀利去义"的社会风气，化民成俗，加强道法和精神文明建设。

朱熹主张，教育的社会作用在于"明人伦"。他说："古之圣王，设为学校，以教天下之人。……必皆有以去其气质之偏，物欲之蔽，以复其性，以尽其伦而后已焉。"（《朱文公文集》卷十五）在朱熹看来，如果要克服"气质之偏"，革尽"物欲之蔽"，以恢复具有的善性，就必须"尽人伦"。所以，他在《四书章句集注·孟子·滕文公》中说："父子有亲，君臣有义，夫妇有别，长幼有序，朋友有信，此人之大伦也。庠、序、学、校皆以明此而已。"在《白鹿洞书院揭示》中，也明确把上述五伦列为"教之目"置于首位，指出"学者学此而已"。

从教育的目的在于"明人伦"的思想出发，他认为："古昔圣贤所以教人为学之意，莫非使之讲明义理以修其身，然后推己及人，非徒欲其务记览、为辞章，以钓声名取利禄而已。"（《白鹿洞书院揭示》）然而，当时的学校教育却反其道而行之，士人"所以求于书，不越乎记诵、训诂、文辞之间，以钓声名，干利禄而已"，完全违背了"先王之学以明人伦为本"的本意。在朱熹看来，这样的学校，其名"虽或不异乎先王之时，然其师之所以教，弟子之所以学，则皆忘本逐末，怀利去义，而无复先王之意，以故学校之名虽在，而其实不举，其效至于风俗日敝，人材日衰"。因此，朱熹要求改革科举，整顿学校。

朱熹针对当时学校教育忽视伦理道德教育，诱使学生"怀利去义"，争名逐利的现实，以及为了改变"风俗日敝，人材日衰"的状况，重新申述和强调"明人伦"的思想，在当时具有一定的积极意义。同时，他对当时学校教育和科举制度的批评也是切中时弊的。

朱熹强调教育作用，是要适应宋代以来调整和强化封建伦理纲常的需要，坚持把道德教育放在首位。朱熹用理学思想论述教育目的、作用，就是为了论证封建伦理道德的合理性和永恒性，把"三纲五常"为核心的封建伦理道德说成必须遵守的"天理"，又把违背或反抗封建道德的言行统归于"人欲"，必须禁止和根除。因此，"存天理、灭人欲"不仅是朱熹教育目的、作用的表述，而且是其道德教育的根本任务。因此，他反复告诫人们不要忘记"国家所以立学教人之本意"，那就是："故圣贤教人为学，非是使人缀辑语言、造作文辞，但为科名爵禄之计，须是格物、致知、诚意、正心、修身，而推之以齐家、治国，可以平治天下，方是正当学问。"

二、朱熹的养成教育思想

南宋时期，金、蒙南侵，赋税苛重，民族危机深重，儒学衰微，人们精神空虚，理想失落，社会动荡不安。朱熹以弘扬理学为己任，力主道德修养，去重整伦理纲常、道德规范，重建价值理想和精神家园。朱熹的《朱子家训》正是在这样的背景下产生的。

（一）倡导家庭亲睦

家庭自古以来就是社会的基本单位。对于每个人而言，家庭是人生的起点，也是休息和生活的港湾。上至社会名流，下至平民百姓，事业成功的背后，都离不开家庭的支持和帮助，营造一个温馨的家，创造和睦的家庭生活，无论是过去还是将来，都是人们追求的亘古不变的目标。朱熹撰写的《朱子家训》为实现这样的目标提供了理论指南。

第一，父母对子女要"慈""教"。朱熹认为"父之所贵者，慈也"。所谓"慈"，即父母要疼爱子女。父母对子女的爱必须是至善纯真之爱。但是，父母对子女千万不可溺爱，溺爱是害。如果子孙不肖，必须对其进行教育，对其放纵是不行的。所以朱熹在《朱子家训》中指出："子孙不可不教也。"因此，父母在对子女倾注慈爱的同时，需要加强对孩子的管教。人在孩幼时期，神情未定，可塑性大，父母要抓紧这个有利时机给予教育，教其懂得礼义，懂得如何做人的道理。

第二，子女对父母要"孝"。"子之所贵者，孝也。"所谓"孝"，是指子女要善待父母，父母在世，子女要奉养、尊重，父母死后要葬之以礼，祭之以礼。朱熹强调的"孝"是真心实意的孝，是子女为报答父母养育之恩，而真诚情愿地付出。不仅在物质上关心父母，更应在精神上关心父母，在父母面前要保持和气、愉色与婉容，平常要多问寒问暖，问疾问安等。

第三，夫妻关系要和睦。夫妻关系是家庭的核心与基石。《朱子家训》中有："夫之所贵者，和也；妇之所贵者，柔也。"夫和妇柔是夫妻相爱的关键。所谓"和"，即喜、怒、哀、乐表现出来时，保持着心平气和的理智。所谓"柔"，即柔顺温和。夫和妇柔，就会相亲相爱，夫妻出现矛盾就会很容易化解。

第四，兄弟之间要友爱。兄弟之间不能因为一些小事而大动干戈。朱熹在《朱子家训》当中指出了"兄之所贵者，友也；弟之所贵者，恭也"。所谓"友"，就是要友爱，互相帮助，患难与共。"恭"则是指尊敬、谦恭。"友""恭"是兄弟姐妹之间团结的根基，如果连自己的同胞手足都不友爱、不团结，就无法友爱、团结其他人。

（二）倡导人际和谐

从人类社会发展的终极目标来看，人类所追求的是一个和谐美满的社会，它要求人与自然、人与人之间达到一种和谐统一，这与朱熹《朱子家训》所推崇的为人处世之道，有着相似之处。

朱熹在《朱子家训》中特别强调，在人际交往过程中，要坚持从自己做起，从我做起，即要努力做到"慎勿谈人之短；切勿矜己之长"。在与人交往之中，不要随便揭发别人的短处，伤害别人的感情，也不要因为自己有所长或工作有所成就，就自我炫耀而轻视他人，为人应当保持谦逊的本色，切不可骄傲自大，目中无人。

第一，当与人发生矛盾时，解决矛盾的方法则是"仇者以义解之，怨者以直报之"，仇恨自己的人要用情谊来化解它，怨恨自己的人要用诚心去回报，用平静的心态、平和的方式去化解矛盾，切不可以仇报仇、以怨还怨，无论在任何环境下和与人发生不愉快的事时，都要做到"随遇而安之"，不能为一点小事就记恨在心，甚至出口伤人，拳脚相见。

第二，在与人交往上，要做到"人有小过，含容而忍之；人有大过，以理而谕之"，人要学会理解和宽容，别人有小的过错要用宽容的态度对待之，别人有大的错误，也要做好思想工作，以理服人，用道理使他明白错误的地方，促其而改之。

另外，朱熹在《朱子家训》中还强调指出，"事师长贵乎礼也，交朋友贵于信也""见老者，敬之，见幼者，爱之"。侍奉师长应当有礼貌，对待朋友要讲信义，遇见长者，应当尊重，看见小孩，应当爱护，一定要做到"处事无私仇""勿称忿而报横逆，勿非礼而害物命"。总而言之，人们无论年龄大小、高矮胖瘦，都要和谐相处。

（三）倡导重德修身

倡导重德修身是朱熹《朱子家训》的又一重要思想。他在《朱子家训》中指出："有德者虽年下于我，我必尊之；不肖者，虽年高于我，我必远之。"从中可以看出朱熹对德的重视程度，这与我们今天所倡导的"以德为首"的教育思想有着惊人的相似之处。

朱熹认为，重视道德修身就如同"衣服之于身体，饮食之于口腹，不可一日无也，不可不慎哉！"他还就如何重德修身提出了许多深含哲理的见解。他认为："人有恶，则掩之，人有善，则扬之。"这句话是指对别人善恶行为所持的态度，对行恶的人要抑制，对行善的人要宣传表扬他。他还进一步指出："勿以善小而不为，勿以恶小而为之。"其意思是指善事多么小也要积极而为，恶事多么小也不能为之。不要以为自己曾经做过善事而忽视小恶，就不拘小节。忽视小恶，让其存在和发展，就会变成大恶。不拘小节也会发展至变节；注意小节，细心修养，才能达到高风亮节。朱熹还认为，善心和恶念不可能同时存在于一个人的心灵之中，人之所以有善恶之别，只是各自内心所禀的气有清浊厚薄之分，内心禀清气厚者，为善的可能性大，禀清气薄者，为恶的可能性大。

朱熹在《朱子家训》还进一步指出修炼德行的要诀："诗书不可不读，礼义不可不知。"诗书是指"圣贤"之书，如《诗》《书》《礼》《乐》《易》《春秋》等儒家典籍。礼义是指"孝悌诚敬"，是说孝敬老人，诚实做人。他认为，读"圣书"才可以修德，识礼义才可以养气。人因读书而美丽，人因识礼而高雅。读书是文化教育，识礼是素质教育，读书识礼，二者不可偏废。

朱熹在《朱子家训》中还指出："勿损人而利己"，"不义之财勿取，遇合理之事则从"，进一步阐述了做人的行为准则。在价值取向方面，坚持以民为本，取利时决不能为个人利益而损害人民利益，也不能为了个人利益而违法损德，当个人利益与人民利益互相矛盾时，应当顺之人民利益。并在此基础上，朱熹进一步拓展了重德修身的外延，他指出："斯文不可不敬，患难不可不扶。守我之分者，礼也。"他认为，对有知识素养的人要敬重，对有困难的人要帮助，这些都是做人的本分。

（四）养成淳朴善良品质

朱熹的养成教育思想是其崇高德行修养的表现。朱熹对父母的孝，感人至深。他少年失父，与母亲相依为命，在他四十岁时母亲不幸病故，为守孝道，他筑寒泉精舍（又名方谷书院）于墓旁，在此著书立说，讲学授徒，直到守墓追孝三年期满。朱熹对妻子的情感可谓感人至深。就在他临终前还抱着病体，咬紧牙关，握笔为亡妻刘清四写下一篇表达他至死不忘夫妻情的《墓祭文》："岁序流易，雨露既濡，念尔音容，永隔泉壤。一觞之，病不能亲，谅尔有知，尚识予意。"真情挚爱，溢于文中。朱熹的长子朱塾顽皮贪玩，朱熹唯恐朱塾在家不得专意，耽误学业，便送他远离膝下千里从师，赴金华拜吕祖谦为师。临别前，朱熹还写下《训子从学贴》交付朱塾，贴中从日常生活小事到具体待人接物无不悉数训诫。可谓慈而施爱，爱而有教。

朱熹在交友上，无论是志同道合的同人，还是水火不相容的论敌，"举凡士子儒生、骚人墨客、羽士释子、田夫野老"，只要是有德者，都能视为知己。朱熹一生"待野叟樵夫，如接宾客，略无分毫哇町"。他在任职浙东提举时官居五品，理学家、永康学派的陈亮仅为布衣，找上门来围绕"王霸义利"一辩便是十天，在后来十多年的岁月里，两人书信往来由论敌结为挚友。

朱熹一生淡泊名利，安守清贫，从不妄取不义之财。朱熹对他人惠赠的财物，于法有碍，一概以礼谢绝，然而与亲友的礼尚往来，却又慷慨相赠。朱熹为官时间不多，总揽仕历，按到职实算，为官方逾七年（任同安县主簿三年、任江西南康军两年、任提举浙东常平盐公事九个月，任知漳州一年、任知潭州兼湖南路安抚使两月余、任焕章阁侍讲四十六天），每到一处，都十分重视荒政，他重农桑、兴水利、正经界、轻赋敛等，真心关注民间疾苦。朱熹创建的社仓，奏请朝廷颁行诸路州军，救助了无数灾民，被誉为"先儒经济盛迹"。

总而言之，朱熹是中国古代教育史上，继孔丘之后的又一位大教育家。他的教育活动和教育思想，丰富和充实了我国古代教育理论宝库，对于我国后期教育理论及其实践的发展曾产生过重大影响。他的教育思想很多论述反映了教育活动的特点和规律。因此，理应加强对朱熹教育活动和教育思想的研究。

第四节　中国古代的实学教育思想

实学是流行于明清时期、讲求经世致用的学术思潮，清初著名的实学教育家颜元是其重要代表人物之一。明末清初的社会大幅变革，宋明理学的烦琐空疏日益暴露，一批又一批的学者把矛头直接指向了以"虚""空"为特点的程朱理学，其中，以王夫之、黄宗羲、顾炎武等为代表的启蒙思想家，力主实学，倡导功利教育，反对理学教育的空疏无实和脱离生活实践，从而喊出了反对理学的时代呼声，并形成了一股强劲的社会思潮。同时，这些学者积极地吸收了在中国传播的西方文化思想，开阔了自己的视野。这种复杂的历史背景，成为生活在这一时期的颜元舍弃空谈心性、专事静坐讲读的理学教育，而倡导重实用、重习行的功利教育的根本原因。

颜元不事功名，毕生从事教育工作，从唯物主义世界观出发，对宋明理学教育从脱离生活实际、义利对立、科举取士及静坐读书等多个方面进行了深刻的反思，动摇了理学教育的地位，提出了改革传统学校教育特别是理学教育的主张和学习"实行""实学"、培养实用人才的功利教育思想。他主张培养"实才实德"的经世致用人才，把自然科学知识和军事知识及技能训练课程列入了学校教育的课程体系中，并在具体的教学中推行实施，注重"习行"教学法，提出了以"真学""实学"为内容以及特征的功利教育思想，对于后世教育的发展变革产生了深远的影响。颜元还将自己的思想付诸实践，在他所主持的漳南书院中大胆地革新，设置了六斋进行教学，开设了许多自然科学以及生产技能课程，具有某些近代科学教育的因素，是一次别开生面的创新。下面以颜元为例，阐述中国古代的实学教育思想。

颜元，字易直，又字浑然，号习斋，河北博野县人，出生于明崇祯的晚期。"颜元是明末清初著名的教育家、思想家，颜李学派的创始人。"① 其主要教育活动在清初，因为清兵入关定都北京之时，颜元刚满9岁。时局的动乱、社会的震荡是影响颜元思想的一个重要因素。颜元一生坎坷，他出生于以农耕为生的贫寒家庭，其父亡命辽东，随后其母改嫁，自此，颜元跟随养祖父过着孤苦伶仃的生活。中年丧子后再无子嗣继之，晚年生活贫苦。换言之，颜元的一生历尽了人世的艰辛，因此对社会、对人生、对处于社会底层的劳动人民有着深切的感受。颜元虽然家境贫寒，但是他喜爱拜师求学。

颜元从小就师从吴持明。吴持明擅长骑、射、剑、戟，精通医术，又长术数，这对于颜元日后主张兵农工兼习，从事实学产生了重要影响。在颜元19岁的时候，又受教于以"实"为生活准则的贾珍，同年，颜元中秀才，但不久"遗弃举业"。在颜元20岁的时候，他"究天象、地理等"。在颜元21岁的时候，阅览《资治通鉴》达废寝忘食。在颜元22岁的时候，迫于生活压力学医、行医自给。在颜元23岁的时候，"学兵法、究战守机宜，尝彻夜不寐"，并且还学习技击。如此广泛的涉猎，为他后来在思想上的创新奠定了坚实的基础。

颜元的学术思想也有一个变化发展的过程。他最初信奉陆王心学，在24岁那年，目睹陆九渊和王守仁的语录，心中大喜并手抄之；两年后，又获得代表程朱理学的《性理大全》一书，于是虔诚地静坐阅读，"信之甚笃"。在34岁时，其祖母丧，由于父亲已亡，

①姚晓峰.从颜元实学教育思想中寻求职教发展的智慧［J］.中国成人教育，2011（7）：139.

颜元替父亲行孝，居丧期间，悉遵朱熹《家礼》，深感理学的一套礼仪有违人之性情，校以古《礼》，发现与古之《礼》有着根本的区别。自此，颜元力主恢复尧舜周孔之道，学术思想发生了根本的转变。

颜元一生从事教育工作，从 24 岁始设家塾到晚年主持漳南书院，从教四十多年，弟子遍天下，现有记载并可考者不下一百余人，与其高足李塨等形成了名震一时的颜李学派。其弟子中既有农民，也不乏商人；既有几岁之蒙童，也有花甲古稀之老翁，在这一点上有点类似于孔子的"有教无类"思想，令后人景仰。颜元的教育思想是反对理学的穷理著述，因此他一生的著述不多，后经他弟子编著整理，今人已将其著述一并编成《颜元集》（分上、下两册），其中主要教育著作包含《总论诸儒讲学》《上太仓陆桴亭先生书》《性理评》《漳南书院记》等。

一、颜元实学教育思想形成的背景

（一）对朝代更迭的反思

对于居于北方地区且年幼的颜元而言，朝代更迭并没有很大的影响。因此，而立之年后，他更多的是对朝代更迭的理性反思和振兴民族的思考。颜元生活在社会的底层，但他不曾怀疑制度本身的问题，而是把矛头直接指向了主导宋、明思想的程朱理学。他认为"程朱邵之静坐，徒事口笔，总而言之皆不动也。而人才尽矣，圣道亡矣，乾坤降矣"。朝代更迭的主要原因就是程朱之理学。由于，这种理学所培养出来的"白面书生"，只能"袖手空谈"，习成妇人女子之态。这样的学子只会静坐空谈，背诵经文，浪费时间，误国害民。当国家处于危亡之时，"上不见一扶危济难之功，下不见一可将可相之材"，只能一筹莫展，束手无策，"临危一死以报君王"。腐朽的心性之学，无力扶危定倾，最终导致朝代更迭。

（二）新阶层的崛起和西学思想的传入

颜元所生活的时代，是急剧变化的时代。社会出现了一批"无田而富"的商贾，新兴的市民阶层开始崛起。这些新兴的市民阶层，一方面不满社会的苛捐杂税；另一方面要求发展实业以求实利。因此，迫切需要一种理论来支撑他们存在的合理性，同时也需要能为其谋利的实用知识人才。他们的这种迫切需要在现有的重义轻利的官学中是无法找到答案的。颜元的实学思想正是基于这种对历史的深刻反思和现实的迫切需要而孕生的。也正是因为这样，颜元的思想找到了合适的土壤和支持的力量。

另外，自明朝万历年间以后，一些西方独特的器物文明却满足了具有实用理性的知识分子的需要。因此，部分知识分子开始通过直接或是间接的方式，了解、接受这些知识，并且积极推广。对于颜元而言，虽然他的活动区域主要在河北境内，直接接触的机会并不多，但作为一个以匡时济世为己任的知识分子而言，他明显地察觉到了整个社会氛围的变化，并积极适应这些变化，学习西方的文明。颜元的好友杨计公，时为安平诸生，"知兵，能技击，精西洋数学"，颜元不时前往请教。虽然他不能直接学习西洋自然科学知识，但他还是间接地了解到了这些知识，这为他以后的教育思想开拓了新的视角。

（三）深刻的历史文化根源

颜元的教育思想与历史上经世致用的教育思想是一脉相承的。虽然，经世致用的功利主义思想一直以来未能成为社会思想的主流，但它总是或隐或现地潜藏在历史的文化中，被一些学者推崇和发展。在先秦时，墨子就公然非儒，他认为儒家教育礼繁而虚，力倡"非乐""节葬"，以"兼相爱交相利"为教育纲领而上说下教，并在几何学、光学、力学等自然学科领域进行了可贵的教育探索。在北宋时，现有教育家胡瑗创"分斋教学法"，设经义、治事两斋，讲授实学；后是王安石实施求实的政治改革和教育改革，将经世致用的精神贯彻到各个领域，虽然改革最终失败了，但他的求实主张和求实精神却给后人留下了深刻的印象。直到明末清初，实学教育家如黄宗羲、王夫之、顾炎武等对理学教育进行了更加深入的分析，尤其是北宋胡瑗的"分斋教学"的求实的教育思想。前人的这些求实思想，尤其墨家功利教育思想给予颜元巨大的影响。他从自身的生活和生产经历出发，不提倡主流"正其义不谋其利，明其道不谋其功"的非功利主义道义教育思想，反而倡导注重"实学""习行"的功利教育思想。

（四）颜元个人的生活际遇

颜元一生坎坷，身世单薄，家庭几经变故，一直生活在社会底层，亲历生活的艰辛，目睹了人们生活的艰难。因此，无论从自身还是从劳动人民身上，他都能强烈地感受到要求改变现状、振兴民族的呼声。这些经历激发了颜元强烈的经世热情，提出了经世致用的实用主义思想。与此同时，颜元的蒙学和师承经历，也为他奠定了深厚的实学基础。颜元的父亲以躬耕为生，但是臂力过人，爱好与人摔跤，因此，颜元从小会各类农耕活，而且擅长摔跤，而后由于家境贫寒，他学会医术，行医以补给家用。这些经历对于颜元后来的"实学"思想不无产生影响。需要注意的是，颜元虽与理学针锋相对，但他的这种反对却是在推崇三王、孔孟之道这一基础上进行的。他认为"必破一分程、朱，始入一分孔、孟"。在三王、孔孟的典籍中，寻找理论根据以驳斥理学，最终留下"托古改制"的思想，对后世影响很大。

二、颜元功利教育思想的主要内容

具体而言，颜元"实学""习行"功利教育思想的主要内容，具体包括了以下方面。

（一）"学校乃人才之本"的教育地位思想

颜元十分重视人才对于治理国家的作用，他希望通过教育培养出能够经世致用、有才有略的实用人才作用于社会的政治、经济领域，从而实现国富民强安天下的理想蓝图。因此，他指出"人才者，乃政事之本也"；"无人才则无政事，无政事则无治平、无民命"。在他看来，"人才"是治国安邦、清除异端、安国抚民的根本，因而颜元将"举人才"作为安定天下的首要因素，在"九字安天下"方针中他把"举人才"列为首位，他说："如天下废予，将以七字富天下：垦荒、均田、兴水利；以六字强天下：人皆兵，官皆将；以九字安天下：举人才、正大经、兴礼乐。"（《习斋年谱》卷下）充分体现出颜元对人才及其社会意义的重视。

人才重要，培养人才之地更加重要。培养人才的地方虽有很多，但在颜元看来，人才的培养主要依靠学校。"学校，人才之本也。"其中包含了双重含义：①学校是培养人才的根本之地。②学校必须以培养人才为根本任务。指出了培养人才既是学校的权利，也是学校的责任。正是从这一思想出发，他说："昔人言本原之地在朝廷，吾则认为本原之地在学校。"（《未坠集序》）以往的人认为人才是朝廷所培养的，而颜元认为人才的培养是学校的权利。在颜元看来，"朝廷，政事之本也；学校，人才之本也，无人才则无政事矣"。因此，作为学校，有权利去培养人才；作为朝廷，不能也不应该侵犯或剥夺学校的权利。从这个角度来看，颜元正确地指出了学校与政局的权责，以期保证人才培养的质量。

由此可见，颜元以"人才为政事之本，学校乃人才之本"的思想正确地揭示了学校、人才、治国三者之间的关系，强调了学校教育的重要地位。对于当前正确认识学校教育在现代化建设事业中的战略地位，有很大的启发意义。

（二）"实才实德之士"的教育培养目标思想

颜元反对程朱理学，反对宋儒"以偏为恶"的观念，尤其对现有学校仅为培养考取功名之人不满。因此，他主张教育应该培养"为天下造实绩"的实用人才。学校应该培养"实才实德之士"，即品德高尚有真才实学的经世致用人才。他说"令天下之学校皆实才实德之士，则他日列之朝廷者皆经济臣"，若"令天下之学校皆无才无德之士，则他日列之朝廷者皆庸碌臣"（《颜元集》）。学校只有培养了实用的人才，才能让他们在他日为朝廷效力，在朝廷中有所作为。

总而言之，颜元主张培养实用的人才，但培养人才的最终目的是为朝廷服务，由此可见，他并未能摆脱社会限制。对于人才而言，与宋明理学万事俱通的人才观不同，颜元认为只要学有所长，学有所用就是人才。他把人才分为两种：通儒人才和专门人才，具体内容如下。

1. 通儒人才——"上下精粗皆尽力求全"

颜元认为通儒之才就是那些"上下精粗皆尽力求全"的"圣学之极致"之才，即那些能够通晓周孔之学中的三物、三事、六府、六德、六行和六艺的人才，用今天的观点来说就是德、智、体、美、劳等方面，都得以全面发展的人才。颜元认为这是一种"圣人"或"圣贤"，对于社会具有重要的意义。为了能够培养这种通儒人才，颜元认为学校教育应以六德、六行、六艺及兵农、钱谷、水火、公虞之类教其门人，成就数十百通儒。而他所培养的这些通儒人才，与宋明理学教育主张培养的通儒不同，是指能够担当各种繁难重负的经世之才。

2. 专门人才——"终身精于一艺"

与此同时，颜元也认识到了人的质性、心志与才力是各有所异。并不是每个人都能成为"通儒"之才。因此，他认为，遵循个人的天赋，以个人之才力，虽六艺不能兼，但是，只需"学须一件做成便有用，便是圣贤一流"，同样也称为"圣贤"。这种"圣贤"就是具有一技之长，一专之能的专门人才。这种专门人才在颜元看来就是"终身能精于一艺"的人才，虽然不能六艺全兼之，但是，终身有一精艺也可。因此，在颜元看来，能成为通才当然是最好，是圣学之极致，能终身精于一艺的专门人才，虽不能六艺全兼之，但只要"学须一件做成便有用"同样是圣贤一流。

为了使颜元的两种人才论易于被大家接受，引起大众的共鸣，颜元列举了古代圣贤以佐证。例如，"禹终身司空，弃终身教稼，皋终身专刑，契终身专教，而已皆成其圣矣"；再如，"仲之专治赋，冉之专足民，公西之专礼乐，而已各成其贤矣"。很显然，颜元判断人才的标准是"有用"，充分体现了他的"实学"教育思想，他把"圣学之极致者"与"终身只精一艺者"列于平等的地位。无论是通才还是专才，只要学而有用者，便是对于社会、对国家的有用之才，这对于我国今天高等院校专业、课程设置与人才培养有一定的借鉴意义，尤其对于中等职业技能学校教育有很大的启发价值。

在颜元看来，无论是通才还是专才，都应该是实才实德之士，即为"圣人"或"圣贤"。他认为，成为圣人并非难事，因为圣人本也是人。只要学便成圣人。学习是一件需要付出努力和功夫并经常练习与运用的过程，能否成为圣人就在于肯不肯用功，这也是圣人与庸人存在的本质区别。在颜元看来，圣人是肯做功夫的庸人，庸人是不肯做功夫的圣人，两者的区别在于勤奋。这对于今天的学子而言，有很大的启发意义。所以，勤奋才是决定成功的关键。

需要注意的是，颜元认为圣贤须能"斡旋乾坤"，"斡旋"一词可以理解为"服务"之意，即圣贤必须能够服务社会，这体现了他的"实用"思想，但是，从另一个角度也反映出他的忠君护国的思想。因为当时的社会环境，颜元明确地提出"令天下之学校皆实才实德之士，他日列之朝廷者皆经济臣"，其目的就是治理国家，以期他们有朝一日能够"佐王治，以辅扶天地"。但是，颜元对于下层劳动人民有着消极的态度，他的思想仍然没有越出劳心者治人、劳力者治于人的樊篱。虽然他重视对学生进行劳动教育，但是，劳动教育只是一种强身健心的手段。这是他思想的局限性，应该说，这种局限不能归于他本人，而应该归于他所处的历史时代。

但是，颜元提出具有实学特色的培养德、智、体、美、劳全面和谐发展的通识人才和一专多能的实用人才相结合的人才观，即教育目标观，在今天仍是很有借鉴价值的。今天的人才既要有道德也要有才能，德才兼备。就才能而言，不仅要有比较广博的知识，还要有专业的技能。只有博专结合，一专多能，方可适合社会经济发展变革的需要。所谓全面发展，是指作为社会合格公民，在德、智、体、美、劳等基础素质方面，都有一定程度的发展。但每个人的天赋和才力是不相同的，正如颜元所说，不可能都能成为各个方面都得以完美发展的博才。我们还需要讲究和谐的发展，即从不同个体的独特性出发，使每个学生的特长和潜质都得以很好的发挥。

总而言之，在我国的现实教育中，片面发展学生能力的现象很是普遍，尤其是对德育和体育的漠视。在德育方面，虽然德育课在各个年级以不同的形式都有开设，但是过多用道德说教的方式来进行道德教育，结果是学生对此十分反感，而道德状况令人堪忧。在体育方面，体育课程作为副科开设，开设时间很少，即使在这很少的时间内，还常常有被主科占课的现象，这一现象在毕业班尤其突出。在这种片面发展人才的现状之下，如何扭转这一局面，培养出德、智、体、美等方面全面发展的人才，如何处理它们之间的关系，已成为一个我们不能不思考和探索解决办法的话题。

（三）"真学实学"的课程内容思想

社会需要实用人才，学校要培养"实才实德之士"，用怎样的内容来培养人才自然成为颜元思考的重要问题。在教育内容上，颜元反对理学和八股的虚浮空疏，主张"真学""实学"的教育内容，他认为"救弊之道在于实学而不在于空言"。但是汉宋儒专以"讲读著述为学……凡遇着实用功处，便含糊脱略过去……渠满眼只看得几册文字是文……只见其虚不见其实"。这种虚学的教育，就如同"镜中花""水中月"，是空疏无用之物，当有问题出现之时，则不知所措，找不到解决的办法。

因此，颜元主张改变空谈虚学的学校教育，实行实学的教育内容，学习那些对国计民生有用的知识。他所倡导的"以实用为主"的教育内容是"六府""三事""三物"。这里所说的"六府"是指金、木、水、火、土、谷；"三事"包括"六德"（知、仁、圣、义、中、和）、"六行"（孝、友、睦、姻、任、恤）和"六艺"（礼、乐、射、御、书、数）；而"三物"也就"三事"，两者异名同实。"三物"之重以"六艺"为根本，"六德""六行"分别是"六艺"的作用和体现。因此，"六艺"的内容十分广泛，它既包括"礼、乐、射、御、书、数"，又包括"兵、农、钱、谷、水、火、工、虞"，几乎囊括了当时所有的实用科学。这种"身心道艺一致加功"的"六艺"教育，是对学生德、智、体（包括劳动）、美全面的训练，它文武兼修、道艺兼备、智能双求的教育内容，既有利于国计民生推动社会的进步，也有利于实施全面的教育促进学生的全面发展。具体而言，大致可以分为德、智、体、美四个主要方面，下面分别加以探讨。

1. "唯实"的德育

颜元是依托孔孟之道来反对理学，因此他十分推崇孔孟之道，重视德育的作用。但经历了多年的历史变迁，德育已经变质，借仁义道德之说教而谋富贵利达之徒者与日俱增，世风日下，社会上充斥着伪德、假德。面对这种风气，颜元慨然呼之。"世宁无德，不可有假德，无德尤可望人之有德，有假德而世不复有德矣。"在他看来，社会宁可没有道德，也不可有虚伪的道德，由此可见，其对伪德的痛恶之极。

为改变这种现状，他推崇信、义、孝、悌、睦等基本伦常道德，提倡三达德。所谓三达德，即"仁""智""勇"。他认为仁、智、勇，古今之达德也，立德、立业，俱在于此，因此，要培养学生的道德就必须以这三者为基础，而且"仁""智""勇"三者对于社会中的任何人而言，都是不可缺少。"上至天子，下至庶民，大而谋王定国，小而庄农商贾，都缺它不得。"因而，基本的伦常道德，以及仁、智、勇成为颜元教育思想中重要的德育内容。至于怎样开展德育教育，使这些内容深入人的内心深处，颜元自有相关说明。

（1）德在艺中，进业即修德。在颜元看来，"六艺固事物之功，而德行在事物内"。道德存在于事物中，存在于智中，学习知识、了解事物、躬身实践即在培养道德。对于这一点而言，颜元曾有学生不解。颜元弟子彭好古问及学哪些才能达到"学为人子，学为人弟，学为人臣"之时，颜元的回答是"学自六艺之要"。彭好古不解两者如何能联系起来，颜元认为，人如果不懂数学，就会天不知其度，地不知其量，事物不知其分合，怎么能把事情做好。不能办事的人，怎么能承父兄之命，事君长又何以尽职。

颜元这种智中有德、增长智慧即修养道德的唯实德育思想确实有其高明之处，其中蕴含一个道理：要想提高一个社会的道德水平，首要的不是道德说教，而是先实实在在地提高社会的"文明开化"的程度，这对于今天的道德教育无不是一大启发。我们今天的道德教育过多地强调道德说教，在小学课本中常编有大量的说教式的概念和内容，如集体主义思想等，学生在无知不解中熟悉了这些名词，至于其中所包含的内涵完全不甚了解，也不可能理解。这种说教式的道德教育，其结果是沦为一种德育泡沫，以至于真正需要理解这些内容时，却已是麻木不仁甚至是反感；反之，一些最为基本的道德要求没有得以很好的培养，如注意卫生等。所幸的是，新一轮基础教育课程改革已经开始对此有了深刻的反思，正试图改变这一局面，主张让学生从身边的事做起，在增长智慧的同时不断提高自身的道德水平。

（2）勤劳养德。在颜元看来，"力行近乎仁"指劳动（体力劳动）具有德育的意义。它不仅能使人"正心""修身"，去除自身邪念，"吾用力农事，不遑寝食，邪妄之念亦自不起"而且还能使人勤劳，克服怠惰、疲沓。他说："人不作事则暇，暇则逸，逸则惰，惰则疲。"（《习斋言行录》）

因此，颜元一生自事躬耕，身体力行。他的这种观点对我们学校教育，同样有借鉴意义。现今的学校教育中，学生的劳动教育尤其是动手劳动确实相对少了一些。劳技课被其他课程占据的现象是司空见惯，已成不成文的规定。就连现今的新课程改革所提倡的综合实践活动课，在大部分学校，也只是形同虚设。由此可见，勤劳养德是很重要的。

2."实用"的智育

颜元反对理学的"穷理"，代之以实际有用的"实学"智育内容，主要表现在两个方面。

（1）重视自然科学知识。颜元自34岁时，觉悟到程朱理学"非政务之学"，开始寻求能经世致用的学说，他学习了数学，"自九九以及因、乘、归、除，渐学《九章》"。而后他又著《农政要务》一书，耕耘、收获以及区田、水利以及他个人的经历，自然反映到他的教育思想中，他在为习斋所定的条文中，自然科学内容便赫然列于其中。其中写道："昔周公、孔子，专以艺学教人，近士子惟业八股，殊失学教本旨。凡为吾徒者，当立志学礼、乐、射、御、书、数及兵、农、钱、谷、水、火、工、虞，予虽未能，愿共学焉。"

颜元这种对自然科学知识的重视与日俱增，到他晚年主持漳南书院之时，已有很多的经验和感受，其课程设计中就可窥一斑，他为书院的课程主要设计了四斋：①文事斋：包括礼、乐、书、数、天文、地理等学科。②武备斋：包括黄帝、太公及孙、吴诸子兵法，攻守、营阵、陆水诸战法，并射、御、技击等科。③经史斋：包括十三经、历代史、诰制、章奏、诗文等科。④艺能斋：包括水学、火学、工学、象数等科。此外，还设置了理学和八股两斋，但并未受到他的重视，而是作为批判的对象设立的。当然，也是出于适应当时学子考取功名的需要。

从颜元所设的内容来看，自然科学知识已经占据了不少的课程，显示了一定的地位，这是以往传统教育中所没有的。总而言之，在教育内容上，颜元把自然科学知识提高了重要的地位，而对理学和八股是一种冷漠的态度。

（2）传统经史课程实学化。传统的经史课程只为应付科举考试而设，故学生所学，重点在于记故采词，而颜元的实学教育设经史课程的目的，则是让学生从中学习经世济民的知识，提高辅国养民的能力。因此，颜元认为学习四书五经不是记诵文字，而主要是从中学习于治国安邦、齐家修身有用的思想内容，并通过这种学习而提高自己的办事能力。

颜元这种"学以致用"的思想，对于我们今天的应试教育同样是一种指导。如今，应试教育已愈演愈烈，教为考学即考的观念已经"深入人心"，结果是我们的学生越来越能考，却越来越不能做事，甚至连日常生活自理能力都很缺失。借鉴颜元的"实学"教育思想，改革教学内容已成为一个迫切的任务。新课程号召学生走出校门，走进社区，既是为了学习广泛的知识，也是为了运用已学的知识，把已学的知识与丰富的社会实践结合起来。新课程标准虽已提出课程，要走进学生的生活世界，但真正落到实处还有很多的困难。

3. "习动"的体育

颜元非常重视军体教育，把体育摆到了前所未有的高度来看待。在他的教学中，无论是文才还是武才，都必须学习舞刀弄枪、骑马射箭的技术，甚至还有类似现在的举重和赛跑，相互间还经常开展比赛。每逢每月五、十之日，即为"习射"日。在漳南书院的建设规划中，就有步马射圃，即今天所说的操场；且在书院尚未建成之时，就让学生进行"举石"、"举重"、"习行"、"超距"（赛跑、跳跃）、"击拳"等体育训练，而后在设计课程时，将它们都列为弟子必习的课程。除有专门课程之外，颜元还常利用讲习闲暇与弟子远足，锻炼弟子的身体和意志。对于今天的学生而言，如果能够有这种劳逸结合的方式也会是一种幸福。梁启超曾对此大加赞赏。

在体育锻炼方面，颜元还能做到以身作则。他常年坚持习武练功，至老不辍，还经常与学生或朋友展开比赛，门人弟子中未有强于他者。正是基于对体育的重视，劳动（参与劳动）在颜元的思想中有着明显的体现。在他看来，劳动具有多重的意义。首先，劳动具有体育的意义，通过劳动可以增强人的体魄，是重要的养身之道。他认为，"养身莫善于习动，夙兴夜寐，振起精神，寻事去作，行之有常，并不困疲，日益精壮"。其次，劳动具有德育的意义。不仅可以使人勤劳、克服怠惰，而且还能使得人"正心""修身"。总而言之，颜元的这种重视学生身心全面发展的思想得到了后人的褒奖。

4. 颜元的教育思想

在艺术教育方面，颜元存在一定的偏见，对诗文字画比较轻视。但是基于实学的教育思想，他在艺术教育中，比较重视音乐和舞蹈。之所以重视音乐，是因为孔子把音乐排在六艺之中。另外，音乐也存在于人们日常的劳作生活之中，如"民歌""民风"等。因此，颜元基本上还是提倡"乐"。他之所以重视舞蹈是基于两点：首先是为了使音乐教育动起来，在他看来，音乐不能仅仅是静坐吟唱，还应与舞蹈结合；其次是舞蹈如劳动一样可强身健体。总而言之，舞蹈可以健身这一点在今天也已经得到认可。

颜元之所以不太重视艺术（尤其是诗文字画）主要原因在于：他的身世与志趣。颜元一生贫寒，长期生活在农村，在乡野之中劳作。生活的压力使得他无暇也无意去吟诗歌赋、行棋作画，倒是民歌、民谣有可能在劳作中吟唱；况且他立志救民，如果醉心于诗棋文画之中，将有碍于济民事功。因此，他认为诗文字画乃虚浮之事，不如为百姓做些实事。

纵观颜元的"真学""实学"的教育内容，不仅同理学有着本质的区别，而且在广度和深度上，都大大超越了传统的"六艺"教育。他一方面把诸多门类的自然科技知识和技能以及体能训练正式列为教育内容，并分科设教。另一方面对原有的经、史、礼、乐进行了新的诠释，倡导"实学"，提升自身的能力和素质，这在当时是别开生面、独树一帜的。颜元为漳南书院开设的课程，已经蕴含着近代课程设置的萌芽，将我国古代关于教育内容的理论推进了一个崭新的发展阶段。

但是，颜元突出强调"习行"，片面强调直接经验和感性认识，不重视间接经验和理性认识的作用，对于读书与思考虽有论述，但是，把重点放在"行"上，对于"读"与"思"的作用，未能准确地体会和实践。换言之，在一定程度上，陷入了主观经验论的泥潭，这对于学生的系统知识学习和理性思维能力发展是不利的。因为对于学生的学习而言，以书本知识为主体的间接经验的学习和掌握，仍是解决由"不知"到"知"的重要途径。尤其是知识信息传播比较快的今天，科学知识和技术也在发展，知识更新速度日益加快，信息传播渠道多样，利用已有知识成果开拓创新已成为时代的呼声。

（四）"习而必行"的教学方法思想

颜元教育思想的核心是"实学"，其教学方法也体现了这一主题，其中"习行"教学法当数其推崇的基本教学法。颜元重视"习行"教学法是基于两点：首先，是基于他推崇的唯物论。"见理于事，因行得知"，认为"理"存于客观事物之中，要想获得真正的知识必须躬行实践于事物。这一点与理学家认为"理"存于个体心性中，要认识"理"获取真正的知识只需"切忌体察"认识自己的"天性""良心"就行了明显不同。其次，是基于对理学静坐读书、空谈心性的教学既不能解决实际问题，"望梅画饼，靠之饮食渴饮不得"，而且终日静坐书房中，耗尽身心气力，影响健康，成为"弱书生""病书生"的批判。

为了改变理学把道全看在书上，把学全花在讲读上的教学方法，颜元大力提倡"习行"教学法。他认为"思不如学，学而必习，习而必行"，强调"吾辈只向习行上做功夫，不可向言语、文字上著力"（《颜元集》）。因为，那种"心中醒、口中说、纸上作、不从身上习过的"教学，在他看来"皆无用之学"。因此在教学过程中，他强调要联系实际，坚持练习和应用于实践中，只有这样，所学才是真正有用的知识。为了更形象而详细地论证这一观点，颜元以多个实例加以说明。以学乐为例，他说任凭读乐谱数百遍，讲问思辨十次，但总不能知，必行搏拊击吹，口歌身舞，亲自下手一看，方知乐是如此，才真正知乐。他这种从做中学习、在实践中学习的思想，与多年后美国杜威的"做中学"有着惊人的相似之处，不得不佩服颜元的精明与伟大。

需要注意的是，颜元对于"习行"教学法的重视和对理学静坐读书法的反对，容易给人一种错觉，以为颜元是反对读书。事实上，并非如此，颜元并不是一概反对读书，对于讲读也不是全然反对，而是主张读书、讲读与习行相结合。只是由于以往的教学法太缺乏习行，因而把习行的地位突显出来了。在颜元的认知中，书是不能不读的。通过读书获得的知识"乃至知中一事"。他说："大要古书只管去读看，不问能记与否，但要今日这理磨我心，明日那理磨我心。"因此，从颜元的言辞中，可以看出颜元并不是全然反对读书，他所反对的是"将学全看在读上"。

如果专为读书而读书，也就成为"虚浮之学"。同样，讲说也不能废除，不可脱离实际空讲，他说："讲亦学习道艺，有疑及讲之，不专讲书。"要等到学生有疑才讲解，实际上，就是让学生成为学习的主体，老师成为学生引导者和协作者。这一点与今天强调教师主导作用具有一定的相通之处，重视学生自身的力量，发挥教师的引导作用，以使学生学有所用、学有所得。因而，颜元的观点是主张读书、讲读必须与习行相结合的。"使为学为教，用力于讲读者一二，加功于习行者八九才好"，强调必须在习行上下更大的功夫，花费更多的精力，通过个体自身的行动，从实践中获得知识，"知识来自实践，实践出真知"，就是颜元坚持习行教学法的重要依据。这对于当时读书以穷理为要，教学多陷入脱离实际的"文墨世界"之中，无疑是一股清新之风，令人耳目一新，具有进步的意义。除了最基本的习行教学法之外，颜元实学教育中还有其他教学法。下面略加叙述对于今天仍有重要借鉴价值的教学法。

1. 远其志而短其节

颜元为了让学生刻苦自强，努力向学，采取了"远其志而短其节"的方法，来激励学生以使其好学乐学，他说："学贵远其志而短其节。志远而不息，节短则易而乐。"鼓励学生树立远大的志向，不畏困难朝着目标前进。同时，颜元也深知学海无涯，在具体的教学中，不能一朝就要求学生直达目标，因为过高的目标会让学生望而生畏，进而畏而生难。

但是，如果把这个目标分成若干个小目标，让学生分段来实现，学生就会不断享受到成功的乐趣，进而增强学习的信心，变得"乐学"，从而能够真正实现其远大的志向理想。颜元把这种方法比作"登山"，先设顶为志，学生可远其志，但要到达山顶，须设台阶让学生一步一步地走进山顶。他的这种"励志"法与今天所说的目标教学有着相同的理念。

2. 因其材而专其业

颜元继承了孔孟以及一切因人而异、因人而宜的因材施教思想。他说："人之质性各异，当就其质性之所近，心志之所愿，才力之所学，则易成。"由此可见，颜元主张的因材施教原则的根据就是"质性、心志、才力"，三者对于如何组织施教是缺一不可的。质性之所近是因其天赋的不同，心志之所愿是因其志向的差异，才力之所能是因其现有的知识能力基础。

天赋是物质基础，很难改变，而每个人的天赋是不同的。所以，因材施教先要依其天赋为基础。心志之所愿是动力之所在，是使学生好知、乐知的基础；违背心志之所愿，则失去了学习的动力，学习成为一件苦差而不能有效地进行。才力之所学，就是现在已经达到的知识能力基础，是开展学习的前提条件和准备，后续的学习一般都必须以先前的学习为基础来进行，这是"循序渐进"原则的重要体现。

因此，因材施教意指教师应该根据学生个体的差异来进行适合个体需要的教学。与此同时，学生也是"因材受教"，主动选择自己的努力方向，逐步做到扬长避短、扬长补短。即"天赋之短则避之，心志之短则克之，才力之所短则补之"。这种方法，不仅可以使学生的专长潜质得以开发，而且师生的教学也会成为一种愉快和谐的体验。

第三章 中国古代家庭与蒙学教育

第一节 先秦的家庭教育与蒙学教育

家庭和家庭关系是社会发展到一定历史阶段的文化产物,是人类认识社会和人类自身的发展需要的生产和生活的经验总结。人们为了组织、巩固和发展家庭关系,长辈就向晚辈传授有关家庭和家庭关系方面的知识,传授有关精神生活和物质生活及生产方面的知识经验,培养他们如何处理人际关系和参与社会活动的能力等。这样,中国古代家庭教育就随着家庭的建立而诞生了。"中国古代的蒙学教育,是指连接于小学与学前幼童之间的一种启蒙教育形式,相当于普通小学教育的初级阶段,但比一般小学教育的含义更为广泛。蒙学教育也包括一般幼童入学之前和学校之外,通过各种形式所受到的启蒙教育,是特指在乡校、家庭和社会教育中那部分经过一定的组织过程,利用特定的方法和手段所进行的文化、道德启蒙教育。"①

一、宗族制下的家庭教育

在原始社会末期,随着社会生产力的发展,私有制逐渐形成,父权父系制终于取代了母系制。所谓父权父系制,即丈夫在家庭中承担起对子女的供养任务,财产按父系继承,世系按父系计算。随着人口的增多,生产力的提高,家庭成员个体的生产能力也得到增强,于是父系氏族逐渐分裂为若干由男性后裔组成的父系大家庭,这就是历史上所谓的父系家庭公社。

父系家庭公社实行的是家长制,这个家长实际上是氏族的族长。家长负责管理整个氏族公社的一切事务,组织领导生产活动,掌握财政大权,负责氏族家庭成员的生产和生活知识与技能的传授,并通过对家庭成员进行传统习俗的训练来巩固家长的统治。这种原始

---

①李楠,陈幼实.中国古代教育 [M].北京:中国商业出版社,2014:109.

社会的氏族大家庭教育，只能算是我国古代家庭教育的萌芽状态。

自从原始氏族公社解体后，我国进入了阶级社会，在此期间，经历了一个相当长的宗族制阶段，然后才逐步过渡到家族制。宗族在很大程度上仍然保持着氏族的遗风。《礼记·大传》写道："同姓从宗，合族属。"所谓"同姓"，就是父族的意思；所谓"从宗"，就是由同一男性始祖的族人共同构成一个生活共同体。在宗族制时期，个体家庭开始出现，但它们没有从宗族系统中游离出来，而是依附和隶属宗族。作为血缘共同体，宗族有共同的财产，宗族的首领是大家长，拥有统领、管理与教育该宗族成员的绝对权力，是全宗族父系父权的集中代表。宗族的嫡长子叫宗子，宗子继承始祖的爵位。宗子之下的个体家庭的家长，依附于宗子，在漫长的历史过程中逐步形成了一整套相当完备的宗法制度。

在宗族制时期，同一宗族的成员总是生活在一起，有着共同的生活方式和共同的文化传统。宗族的家教主要由宗子负责，教育内容包括生产、生活、祭祀等方面。其中祭祀共同的祖先，是宗族大家庭的主要教育内容。《礼记·祭统》写道："礼有五经，莫重于祭。"尊祖祭祀活动，能强化同宗族成员之间的血缘伦理关系，以便形成同姓同德、同德同心、同心同志的社会群体心理和观念，维护宗族制和共同保卫宗族的整体利益。在宗族家长制时期，尽管存在个体家庭，但这些个体家庭的家长对家庭成员的教育，是与整个宗族家长实施的教育一致的。个体家庭的教育把宗族家长的教育落实到每个个体家庭成员，使他们成为合格的宗族家庭的成员。

宗族制度形成于我国奴隶社会的初期，经过夏、商两代得到发展。相传，夏禹传子启，是宗法制统治阶级王位继承的宗法政治的开端。商代时，宗族制度已相当严密，宗族长统率若干分族，分族之下又有若干"类""丑"。所谓"类"是血缘宗族的分支，而"丑"则是包括众族属等。在商代已经实行宗法，有大宗、小宗之分，因此这时的宗族家庭教育开始有比较明显的等级区别。

二、西周时期的家庭教育

西周宗法制的形成，不仅使贵族统治阶层认识到家庭教育的重要，而且随着子孙的繁衍和封建小王国的增多，他们越来越感到小规模的家庭教育不能满足现实政治的需要。由此逐步扩大了贵族子弟的教育规模，即在家庭教育的基础上开始建立贵族子弟学校。在西周时期，贵族的学校教育不仅存在，而且已形成了一套完整的学校制度。西周学校教育的特点之一是贵族的家庭教育与学校教育的紧密结合，表现出明显的阶级性。

西周的贵族学校称为"国学"，它分为大学与小学两级。这时候的贵族学校主要是根据学生的年龄和身份来区分大学与小学的，并不是现代意义的高等教育和初等教育。西周的大学为天子所设，规模较大，有四学、五学之称。所谓四学，就是南"成均"、北"上庠"、东"东序"、西"瞽宗"；所谓五学，就是上述四学再加上中央位置的环水而建的"辟雍"。不论是四学还是五学，都是专门为统治阶级的上层贵族子弟而设的，这些有资格入学的贵族子弟，被称为"国子"，上至王太子，下至诸侯公卿的子弟，他们大都是天生的世袭者，是天子王位及诸侯国君的法定接班人。后来，诸侯也设立大学，但为了与天子设立的大学有所区别，称为"泮宫"，因为它与四面环水的辟雍不同，只准半面临水，其规模也较小。这是西周等级制在教育上的具体反映。

贵族学校的设立极大地促进了贵族子弟的家庭教育，但学校教育是建立在家庭教育基础之上的。西周时期，家庭教育以胎教为起点，其下限则因学生的身份不同而有所区别。一般而言，王太子8岁入小学，即8岁以前主要是家庭教育；公卿的长子、大夫元士的嫡子，则是13岁入小学；诸侯国的太子一般在8岁时入小学。入小学之前均为家庭教育，而家教有师、傅、保专门负责。女子不能享受学校教育，从小在闺门接受姆教，到一定年龄就出嫁为妇。

胎教是家教的重要组成部分，在西周初期就很受重视，它主要是胎儿的环境教育，如贾谊在《新书·胎教》中写道："周妃后妊成王于身，立而不跛，坐而不差，笑而不喧，独处不倨，虽怒不骂，胎教之谓也。"胎教之后接着就是幼儿教育。"成王生，仁者养之，孝者襁之，四贤傍之。"所以，《大戴记·保傅》中提到，贵族子弟自为赤子时，家教就早已开始了。

自从幼儿能学会吃饭时，师、傅、保等家庭教师就教以右手，能言语时就教以说话，能行时就教以行走。然后教以数数和辨识方向；教以音乐，陶冶性情；教以识字，传授知识；教以礼仪，培养尊敬父母和友爱兄弟；教以军事游戏，以锻炼其身体。师、傅、保负责家教也各有分工。保，主要保护其身体；傅，主要是辅导其德义；师，主要是教导其知识。通过师、傅、保的教育，使贵族子弟在德、智、体三个方面都得到较全面的发展，为他们打下了进入国学接受正规学校教育的基础。

上层贵族子弟入学之后，家庭教育作为学校教育的必要补充依旧进行。《大戴记·保傅》《周礼》《礼记》记载，王太子入学后，回到宫中要进行家庭教育。《保傅》写道："退习而端于太傅，太傅罚其不则而达其不及，则德智长而理道得矣。"这就是说，王太子从太学回宫后，太傅要进行辅导，使其不良行为得到纠正，使其在学校未学明白的知识要弄懂并且熟练，从而使德性、知识得到开发，完全掌握所学知识。由此可见，西周上层贵族子弟的家教与学校教育是紧密结合、相互促进的。

三、春秋战国时的士人家教

在春秋初期，宗法家长制就已经开始衰落，到了春秋末至战国初，宗法家长制逐渐解体，其解体与人口的增加和大量流动，特别是与井田制的解体有着直接的关系。人口的增加造成原来村社的井田难以维持赋役和生活，由此激起庶民与贵族之间的社会矛盾。此外，贵族氏族的人口繁衍，支庶旁系子孙的贵族地位就难以维持。这导致士以下的平民必然日益增多，并加剧宗族内部的矛盾，促进阶级分化。由于这些，过去的封建宗亲居住的城邑、郊区以及庶人、被统治的异族环居四野的"国""野"制度逐渐崩溃，从而动摇了宗族制和井田制。

宗族制和井田制的崩溃，势必造成社会和家庭结构的重新改组，春秋战国时期持续的社会和政治改革，产生了没落贵族出身的和从平民阶层上升而成长的士阶层。士阶层属于新生阶层，是随着奴隶制度的崩溃和封建制度的建立而突起的一支异军，它突破了奴隶制的社会结构，充当着学术下移的先锋，同时又促进了政治和经济由奴隶制向封建制的转化。士阶层的人数不多，但是他们的社会活动能量很大。无论是没落的贵族出身的，还是由平民阶层上升的知识分子，都希望通过"学而优则仕"的道路登上政治舞台，世代为官。所以，士阶层的家教很有一些自己的特点。

首先，士作为智力劳动者，其谋生手段是文化知识，所以注意传授文化知识是士的家教的突出特点之一。农民、小手工业者或商人则把耕种、技艺或经商等作为家教的主要内容。士阶层的家教与士的职业要求是一致的，主要是礼、乐、诗、书等书本知识和"修己治人"之道，重在培养子弟做士的能力。

其次，士的家教旨在使其子弟为入仕做准备。春秋战国时期，士的成分很杂，可以分武士和文士两种。这时的武士是对兵家之事颇有研究的韬略人才，如孙武、吴起、孙膑、乐毅等，不仅为统治者"献力"，而且"献谋"。文士是向统治者"献智"，即为统治者制订政策、出谋划策的，有策士如纵横家苏秦、张仪之流，有学者和教育家如孔子、孟子、荀子、墨子、老子、庄子等。无论是武士还是文士，由于他们是以为统治者服务为谋生之道，所以他们都很注重自己的从政能力训练以及子弟的礼乐文化教养，甚至在学术艺能方面，如果是自家的独创，则不轻易外传，以保证其子弟在入仕晋升方面保持优势。

士阶层的家教，自春秋战国时期兴起以后，日渐得以巩固和发展。随着社会的发展和读书人数增加，在古代封建社会里，知识分子的家教成了学校教育的必要准备和重要补充。

四、春秋战国时的四民家教

春秋战国时，随着井田制和宗法家族制的崩溃，在农业上，从前那种"千耦其耘"的大批人集体耕作的现象没有了，出现了个体家庭占有私田的劳作方式；在商业上，也打破了"工商食官"的制度；在学术上，由于私学的兴起，也打破了"学术官守"，即学术为官府所垄断的局面。由此，随着社会制度的剧烈变化，社会分工把统治阶层以下的社会成员大体上分为士、农、工、商四大类型。

士的家教注重文件知识和做官素养的训练，六艺教育是主要的教育内容。此外，还有一种以某一技艺谋生的士，即历史上称为"畴官"的知识分子，其家教主要是技艺的传授，教育方式主要是以师带徒，注重基本功训练的观察与实验。一般而言，这类士人的家教，具有相当的保密性，传子不传女，甚至有些绝技只授长子，不授次子，对于外人就更不用说了。但是，这种具有保密性的家教很不利于知识的传播，因为它一旦后继无人，家业中断，就会造成绝技失传。这种现象在医学和冶炼术方面十分明显。

农业生产技术和生产经验是农民家教的主要教育内容，如审时耕种，制作农具，利用土地，识别苗莠，种植得疏密，适时施肥，以及适时收获和储藏等。除了生产技术之外，农民的家教还很注重观察四时季节的变化与种植的规律，同时也很重视其子弟的劳动态度的教育，故农家的子弟质朴勤劳。

工民之家的家教主要是做工技巧的传授，依其所从事的职业而定。父子之间，相语以事，相示以功，相陈以巧，相高以知，从而使世业家传。

商民之家，其家教内容主要是市井商贾之事，它包括对四时的了解，对商品产地和市面行情的观察，以及对商品的购买和出售的规律的认识等。商民之家以赢利为目的，父子之教，相语以利，相示以时，相陈以知贾，旨在使其子弟掌握经商本领。

五、春秋战国时期的诸侯家教

春秋战国时，各国诸侯由于相互兼并，使弱小的诸侯封国陆续被纳入实力强大的诸侯国中，到战国时期逐渐形成了秦、齐、韩、燕、赵、魏、楚七大诸侯强国。在西周时期，中央王室设立了国学，诸侯子弟在接受家庭教育的基础上，可以进入国学接受正规教育。所以，实际上的"学在官府"是"学在王室"。虽然历史上也有诸侯立"泮宫"的记载，但在西周时期，诸侯建泮宫学校的事例是罕见的。到了春秋战国时期，在政治上强大起来的诸侯纷纷要求其子弟在教育上确实享受特权，一方面大力加强家庭教育；另一方面蓄养文士，创办诸侯宫廷学校，从而把西周时期家教与学校教育相结合的形式发展到一个新的历史阶段，进一步促进了上层贵族的学校教育向封建社会的学校教育过渡。春秋时期的诸侯家教已被视为有关国家兴亡和争霸诸侯的有力措施之一，到战国时期，不仅诸侯的家教得到发展，而且诸侯大夫之家，也在养士的同时，大量聘用德才兼备的士作为家庭教师。

六、先秦蒙学教育的初创分析

西周学制有大学和小学之分，秦汉以后，官员多有一定的文化水平，其子弟可在家庭中完成启蒙教育，而民间的启蒙教育，政府不需要也没有能力全部包下来，因此除个别宫廷贵族小学外，没有官方的小学，启蒙教育均在民间进行。人类的历史有多长，蒙养教育的历史就有多久。先秦的历史是漫长的，先秦蒙养教育的历史自然也同整个中国先秦人类历史一样，经历了一个由起源到缓慢发展的长期过程。

（一）原始社会的幼儿教育内容

早在原始社会初期，人们就已经掌握了打制石器和用火的技术，这两方面的知识，是当时幼儿能够接受的知识。成人在打制石器时，幼儿一般都要前往观看。成人也会有意地告诉这些年幼的后代，石器需要什么样的石头做材料，要如何才能打制出所需的石器来。幼儿兴趣所致，也必要亲自试一试。虽然因他们的力量有限，不一定能制出像样的石器来，但其中的一些基本知识是知道的。当幼儿们同大人一道围着火堆烤吃兽肉的时候，大人们就会告诉他们有关火的知识，加之他们的亲身经验，使他们知道了火不仅能取暖、烤吃食物，还能抵御野兽，也自然地多少了解一些如何保存火种、如何找寻燃料、如何生火等方面的知识。

在与大人相伴的过程中，原始社会的幼儿有机会较长时间地观看大人们的各种生产活动，如早期即有的狩猎活动，原始社会中期开始出现的制陶活动，种植、养殖活动等。在这些生产活动中，由于耳濡目染，加上大人的讲解，他们对这些与生产活动有关的知识有了粗浅的了解，甚至还能在大人教导下开展一些初步的模仿性、演练性的活动，如简单的种植、养殖活动等，这为他们日后真正掌握这些知识与技能奠定了基础。

原始社会时期，人类的生产和生活都是集体性的，为了维系集体的生存、延续和使各种活动能顺利开展，必然要逐步形成一系列的社会行为规范，以规范每个社会成员甚至包括幼儿的行为。只有这样，才能调节各个集体成员之间的关系，化解各成员之间的矛盾，使各个成员相互亲近、团结一致，从而增强群体与自然抗争、与其他群体竞争的实力。这些行为规范很多，包括如何对待集体、如何对待群体中的各种人、如何对待劳动等。在原始社会末期，有专门的"五教"规定如何处理人与人之间的关系。舜曾命令契做司徒之官，敬敷五教。这五教就是父义、母慈、兄友、弟恭、子孝五个方面的道德规范教育。当然，这五种道德规范同其他很多规范一样，是逐步形成的，有些是在原始社会的早期就形成了。在这些行为规范的形成过程中，逐步形成了共同的风俗习惯。通过这些风俗习惯，对每个社会成员施加影响，并制约每个社会成员的思想与行为。幼儿刚一出生，就受到各种风俗习惯的包围，加上成人们有意识的教育，使他们逐步受到了一些基本的行为规范或风俗习惯的熏陶，从而了解了一些基本的规范，养成了一些基本的习惯。

从仰韶文化算起，我国文字已有 6000 多年的历史。在此后的山东大汶口文化、上海的良渚文化等文化遗址中，也发现了较为规整的原始文字。在山东邹平的龙山文化遗址中，还发现了距今 4200 年左右的比较成熟的文字。这就表明，到了原始社会末期，我国就已经发明了比较成熟的文字。在当时，文字的使用已经开始普及。学习这些文字，主要是那些有学习条件的、年龄较长的儿童。但也不排除在原始社会末期，有少数幼儿已经在开始学习文字。

在原始社会末期，由于各部落之间的矛盾频繁不断，武器的种类也日益繁多。当时的兵器，见于史籍的已有弓、弩、戈、矛、戟等，这些也多为考古发掘所证实。从当时战争的规模和兵器的水平，不仅可以断定对年青一代进行军事教练为必需，也可以想见军事教练的基本内容。对于这些，当时的幼儿也可能有所接触。某些处于原始社会阶段的民族，如鄂温克族，其幼儿（男孩儿）在 5—6 岁的时候就要用特制的弓箭练习射箭。可以想见，原始社会末期的幼儿也会练习使用弓箭乃至其他武器，如玩耍木刀、木矛等。在夏、商、西周、春秋战国时，贵族女子的家教都是母亲和保姆负责的。一般人家的子弟更无专任教师和专门的教育机构，只有接受家教以及一般的社会教育。

（二）原始社会的幼儿教养人员

在原始社会早期乃至中期，根本没有专门的幼儿教养机构和专职的教养人员。在当时，幼儿的母亲及本人群或本氏族的其他长辈是幼儿的主要教养者。当时幼儿教育的基本途径就是参加各种社会活动，如参观生产活动、祭祀等礼仪活动，群体的集会，娱乐活动，听长者讲故事等，幼儿教养机构和专职人员直到原始社会末期才开始出现。

（三）夏商西周春秋战国时期的蒙学教育

在夏、商、西、周、春秋战国时期，由于社会的大分工和阶级的分化，蒙养的教育内容也依父母的阶级地位和社会分工的不同而有所分化。对于从事体力劳动的贫贱阶级的子女而言，他们只有在家庭中和一般的活动中多少接受一点劳动教育和他们所应遵守的行为规范教育。富贵阶级的女性幼儿从小就要在母亲和傅姆或保姆的指导下学习妇学，即接受妇德、妇言、妇容、妇功方面的教育。妇德为贞顺听从、妇言为言辞谨慎、妇容为容貌媚顺、妇功为丝织针线。富贵阶级的男性幼儿则开始接受初步的六艺教育。

除六艺启蒙教育外，幼儿还要接受如何用手和清洁卫生这些基本生活常识的教育。此外，当时的幼儿也接受了一些法律教育。当时的幼儿虽然有可能接受多方面的教育，但其核心为长幼之道。当时的统治者很看重"长幼之道"的作用，因而"长幼之道"是各种蒙养教育内容的核心。

第二节　汉魏六朝的家庭教育与蒙学教育

自秦始皇统一中国后，中国古代社会就开始了漫长的封建社会发展史。秦王朝的时间不长，而且秦王朝推行"以法为教""以吏为师"的文教政策，所以在家庭教育方面建树不大。自汉王朝取代秦朝成为新的统一国家后，社会的持久安定，加上长期推行"独尊儒术"的文教政策，注重以三纲五常之教统治人们思想和以孝道之教稳定家庭与社会的伦理道德关系，所以家庭教育得到迅速发展，并且日渐形成了它的特色。

魏晋南北朝时期，除了继续推行以经学为主要内容的家教外，由于统治阶级和一些知识分子的提倡，史学以及一些自然科学技艺及生产技艺等，也进入了不同阶层的家庭教育范围。总体而言，魏晋南北朝时期，家庭的生产与生活缺乏稳定性，所以这一时期的家庭教育与汉代相比，相差甚远。尤其是统治阶层受"九品中正制"取士制度的影响，豪门士族的子孙天生就是"上三品"的高官世袭者，而寒门士族的子孙即使学富五车也难以入上品，由此所造成的"读书无用"的观念也渗透到不同阶级和阶层的家庭教育实践中，造成诗书教育日渐衰落的局面。

汉魏六朝的家庭教育，尽管有由盛转衰的趋向，但是由于封建社会制度和家庭制度不断发展和完善，所以家庭教育的阶级性和等级性也日益明显起来，形成了以皇家宗室为主体的贵族家庭教育，以及在职文官为代表的官宦家庭教育和广大生活在社会底层的平民家庭教育的家教制度。这三类家庭教育，一直沿续和发展到清末，在客观上对我国封建社会政治、道德、家庭乃至社会秩序等，都产生了深刻的影响。

以培养储君为目的的皇家教育备受统治者重视，乃至成为国家政治的一件大事。皇家的家教具有特权性，在措施上：一是尽一切努力把全国图书收集在皇家图书馆，垄断文化以作为皇家宗室的教材；二是聘请天下第一流的学者充任宫廷教师；三是建立一整套宫廷教师制度和完备的教学制度。

为了造就子孙的德才学识，官宦之家的家教的教学内容主要是为官之道，所以十分强调儒家经典的学习。自汉代推行以经术取士和任官的政策以来，经艺在官宦之家的家教中占有十分重要的地位。官宦之家的子弟自小就学习《礼》《乐》《诗》《书》《春秋》《论语》和《孝经》等，其家庭教师大多是当地的名儒。除此之外，部分官宦子弟或外出从师，或跟随父兄习业。

平民之家的家教，因经济条件和文化环境的不同而有所区别，富商大户或从事教育职业的文人之家，一般是注重儒术教育的，他们希冀其子弟通过读"圣贤书"而成为做官人。但绝大多数平民百姓之家的家教的主要内容是传授社会生活知识和生产技能，道德教育则主要以孝悌为主。

一、崇尚经学的家庭教育

为了保障官僚队伍的素质，古代的统治者除了设立学校训练和培养"国子"外，对官僚之家的子孙教育也很重视。在西周时期，国学为贵族子弟开设，学在官府，贵族子弟所学无非"礼、乐、射、御、书、数"六艺。但为了确保国家官吏后继有人，当时也采取了"宦学事师"制度。这一制度的性质和形式是"政教合一"的，即求学者唯在入仕途之后，就学于官府，边做官边学，向经验丰富的官吏学习为官之道。春秋战国时期，政教分离，私学教育以培养"为政之士"为对象，所以官吏的教育下移到民间。秦代禁私学，使官吏的培养与训练由民间私学又归入朝廷，推行"以法为教""以吏为师"的吏师制度。汉代大力发展文教，兴办国家教育，提倡私学，同时也保留了"宦学事师"的传统，如王充在《论衡·程材》记载："文吏，朝廷之人也。幼为干吏，以朝廷为田亩，以刀笔为耒耜，以文书为农业。"官府注意录用熟悉吏事的"学僮"，于是一些士人的家教"好仕学宦，用吏为绳表"。一般而言，汉代的宦学是文武分途，武以习武将兵之道为主要内容，而文则要求学习"史书"，学习儒经和明习法令以及为吏之道等。

汉代自实行"独尊儒术"和以经术取士之后，仕宦之家的家庭教育日益摒弃杂家学说而崇尚经学。这一局面的形式受当时的私学教学风的影响很大。汉代仕宦之家的家庭教育分为初、中、高三种程度。初等程度的教育是启蒙教育，主要在"家馆"进行。家馆类似于后世的私塾，它是由仕宦之家设立的，聘请书师来家教授本家和本族的适龄入学的儿童。学习内容主要有《仓颉》《凡将》《急就》《元尚》诸篇，目的是学习识字和习字。中等程度是诵读经书，主要有《孝经》《论语》《易》《尚书》《诗》等。高级阶段的学习是专经研习。汉代专经研习之风盛行，当时流传有"遗子黄金满籝，不如一经"的说法。因为只要能精通一经，即可得到高官厚禄。当然，要精通一经也不是件容易的事。当时读书人很多，各家各派对儒家经典的微言大义都有不同的见解，形成了学派林立的"师法"和"家法"。

此外，经学中还有古今文经的经学纷争，所以，仕宦之家的家教一般都要聘请对经学有相当造诣的人为师。如果请不到经学大师，就让自己的孩子出门拜访名师，以就其学。汉代的硕学鸿儒甚多，一般不在仕宦之家当少数学生的家庭教师，而是自立"精舍"教授，往往门徒千数，多者达万人之众。

总而言之，汉代的仕宦之家的家教开始兴盛，一方面来自求官的动力，因为注重家教是保持后代为官的途径；另一方面与汉代推行以经术取士的制度有关。

二、世代家传的家庭教育

中国封建社会的仕宦之家，素有"书香门第"之称，即使不能世代为官，却不失为缙绅之士。不论仕宦之家是否能以高官厚禄显达于世，大都有世代家传的家学教育。武官有其超群的武艺，有的在某一武艺方面形成有独特的门派，或者是某一绝艺，作为入仕进身、建功立业的基础，这些绝艺是不会轻易传授给别人的。文官也是这样，自汉代以来，如精通某一经术，或者在文学、史学、天文、历算、医学等某一方面有绝艺，就视作"传家宝"，世代相传。

魏晋南北朝时期，由于经学受到影响，加上国家推行九品中正制的取士制度，所以经学在仕宦之家的家学教育中，其地位也有所动摇。尽管豪门士族的子弟可以凭门第入仕，但并不等于仕宦之家就可以不要家学了。相反，在魏晋南北朝时期，由于学校教育时兴时衰，仕宦之家要想保持士族世袭，就不得不加强家庭教育。不过，这一时期的家教与只注重儒家经典的汉代家教已有很大不同，开始广泛涉猎老庄、史学、天文、算术等。例如，时风兴盛文学，故仕宦之家的家教注重诗歌文赋；社会审美意识兴起，书法作为审美艺术也在仕宦之家的家教中占有重要地位。为官自有为官之道，世代为官的家庭和家族是积累了丰富经验的，如果上升到理论就可能成为一门"学问"，仕宦之家对这种学问的保密工作十分重视。并且，中国古代，仕宦之家对这门家学也十分重视，对于在官场上如何做人，如何与同僚和上司处好关系等为官要术，许多仕宦之家研习得深入，世代相传。

总而言之，传授为官之道是仕宦之家家教的核心，尽管它们也涉及而且往往把文化学术作为教学内容，但其目的不在发展学术本身，而是把这些东西作为入仕和晋升的利器。

三、秦汉时期的蒙学教育

（一）秦汉时期皇宫的蒙学教育

秦时的蒙学教育已获得较大发展，富贵之家多请专职教师对其幼儿进行教育。其中，封建帝王对皇族子孙的早期教育十分重视，还设有专门的教保人员。秦始皇建立帝制后，就将先秦时期教育太子的师和傅都规定为国家官吏，并赋予重大责任。此外，秦代还设有詹事、中庶子及洗马等师保官。汉代建立之初，刘邦便请博士叔孙通兼太子太傅，又请张良兼太子少傅。但这时的师傅之职还不是正式的官位。保傅官职的制度化，是从汉高吕雉后执政以后逐渐完成的。太傅一职，汉高后元年（前187）正式设置，并授金印紫绶，后废，汉高后八年（前180）复设，后又废，汉哀帝元寿二年（前1）重新设置。太师、太保二职，汉平帝元始元年（公元1）正式设置并确定为官职，也授金印紫绶，并确定太师在太傅之上、太傅在太保之上。汉代还设有太子太傅、太子少傅及师保属官。东汉太子师保官职大体如西汉，所不同的是专由太傅负责教育太子，而由少傅主持太子宫中职事。汉代除皇宫外，郡国诸王也设有师保之官，如贾谊就曾做过长沙王太傅、梁怀王太傅。从总体而言，西汉选择的师、保、傅多为名师硕儒，如叔孙通、张良、晁错、夏侯胜、丙吉、匡衡等名师均做过皇子的幼儿教师。

与先秦时期基本相同，秦汉时期的师、保、傅的职责是从小对太子的道德品行、知识、身体等方面进行培养教育，同时还有在政治上承担保护太子合法继承权的责任，并参与国政。

（二）秦汉时期的蒙学教育机构

目前很难考证秦代是否设有蒙学教育机构，但到汉代时，有些教育机构兼有幼儿教育任务是确凿无疑的。东汉明帝永平九年（公元66），曾为外戚樊氏、郭氏、阴氏、马氏诸弟子开设学校，置《五经》教师，称为四姓小侯学。史料虽未明确记载这所学校学生的入学年龄，估计其中也有年岁稍长的幼儿。到汉安帝元初六年（119），邓太后又为东汉和帝的弟弟济北王、河间王两家族年龄5岁以上的男女儿童40余人和邓太后近亲子孙30余人开办了一所学校，教他们学习经书，并亲自监试。当时的5岁，实际年龄是不足4岁至4周岁多一点之间，因而这所学校的主要任务之一是从事幼儿教育。这些教育机构不称为"幼稚园或幼儿园"，而是名叫"书馆"或其他名称。但从儿童的入学年龄来看，这些教育机构都具有蒙学教育的性质。当时的蒙学教育要求严格，要进行严格的考试，对有过失的幼儿要实行体罚。如此严格的管理，想来当时的教学制度也较健全，并有一套教学方法，只不过现在不得而知罢了。宗学出现于汉平帝时期，并开始设置宗师以教育宗室子孙。宗学一般未有特别的入学年龄规定，只要有接受能力的都可入学，因而幼儿也有可能进入这种学校学习。

四、魏晋南北朝时期的蒙学教育

（一）魏晋南北朝时期皇宫的蒙学教育

魏国是三国时期教育最为发达的地方，对于皇家子弟的教育，魏未设太师，但设有太傅、太保，如魏明帝以太尉钟繇为太傅；魏齐王曹芳即位后，以太尉司马宣王为太傅。甘露元年（256），太尉司马孚为太傅；魏陈留王景元四年（263），司徒郑冲为太保。魏还设有太子保傅、太子詹事等属官。吴国也设有太傅，如孙亮建兴元年（252），以诸葛恪为太傅。同时吴设有太子太傅、少傅。黄龙元年（229）设左辅（诸葛恪）、右弼（张休）、辅正（顾谭）、翼正等都尉，为太子四友，还有太子宾客等，另外还诏立都讲祭酒以教授诸子。蜀曾设太傅，刘备做汉中王时，以许靖为太傅，以诸葛亮为太子太傅。

西晋初，设有卫率令、典兵二职，负责教育太子并掌管东宫之事宜。至晋武帝泰始三年（267）开始设置太子太傅、少傅之官，由二傅主持东宫教育。咸宁元年（275）始以给事黄门侍郎杨珧为詹事，掌管东宫杂务，二傅便只有教谕之责，而无官属。其后，又取消詹事之职，专设傅保教谕太子。晋惠帝元康元年（291）又恢复詹事之职。到怀愍之世，整顿官制，设置六傅为三师三少。"三师"是指太师、太傅、太保，都是上公，在人员的选择上宁缺毋滥。"三少"即少师、少傅、少保。皇族为加强幼儿教育，设有太子少师、太子少傅、太子少保。西晋始设太子少师，协掌辅导太子，官位三品，东晋废。太子少傅，西晋置为太子三少（东宫三少）之一，辅导太子，位在太子少师下、太子少保上，官位三品，东晋仍设。太子少保，位在太子少师、太子少傅之下，其设置、职掌、品秩同太子少师。晋惠帝永康（300）之后，不再设置詹事之官。

南北朝时，设有太保、太傅、太师，他们都位列三公，但太保位居太师、太傅之下，官位一品；官位太傅一品（梁称十八班），在太师（太宰）下、太保上。北朝魏、齐沿前代官制设有少师、少傅、少保"三少"。北周置为大臣加官，名义崇高，少保在少师、少傅之下。北魏设有太子六傅：太子太师、太保、太傅号称"东宫三师"，太子少师、少保、少傅号称"东宫三少"。同时还设有詹事属官等。北齐设有太子少师，官位三品。南朝不设太子少师、太子少保，仍设有太子少傅，宋三品，梁十五班，陈三品。南朝宋还设太子太傅、太子少傅各1人、丞2人，共同辅导太子。同时宋还设有太子詹事等官，负责料理东宫事务。齐、梁、陈诸国与宋大体相同。

魏晋南北朝时期，为了提高师傅教育太子的积极性，朝廷强调尊敬师傅之官，以提高教师地位，如晋武帝泰始五年（269）诏太子拜太傅少傅时便规定二傅可以不行臣属之礼；晋明帝太宁三年（325）三月立皇子衍为皇太子时，专门下令朝廷议定太子与师傅相见之礼，取消过去师傅拜太子之礼。其后，晋成帝及皇太后都下诏要求尊师重道。晋朝对师保的待遇也很优厚，太子太傅和太子少傅除定秩 2000 石外，还受赐田产车乘诸物。南北朝时，刘宋尊太子太傅、太子少傅及詹事为三品正秩。北魏尊师之礼更重，以太师、太保、太傅为一品正秩，"东宫三师"为二品官秩，"东宫三少"为三品官秩，左右詹事为二品官秩。

由于师、保、傅的品位尊贵，待遇优厚，因而士族豪门权贵竞相争夺，反而不利于太子的教育。于是西晋开始倡导师傅之官应皆选寒门孤宦以学行自立者，及取服勤更事，涉履艰难，事君事亲，名行素闻者担任；师傅应选"孝悌博闻有道术者"以及"天下之贤才"担任，这些都有着积极的意义。

（二）魏晋南北朝时期的蒙学教育机构

三国时，魏、蜀、吴三国是否设有专门的幼儿教育机构，至今尚无证可考。东晋穆帝永和年间，庾亮在武昌创办学校，命令参赞大将子弟全部入学，自己的子弟也令受业。由此可见，武昌官学是允许幼儿入学的。

北魏孝文帝时，有一位名叫祖莹的人，年8岁时，能诵《诗》《书》，名气很大，被世人称为"圣小儿"。当时中书博士张天龙讲《尚书》，祖莹被选为都讲。学生已到齐，而祖莹因读书到深夜，起来很晚，仓促之间把同房学生李孝怡的《曲礼》拿来入座。把《曲礼》书放在面前，背了《尚书》三篇，一字不漏。讲完后，李孝怡很奇怪，向博士们说明情况，举座皆惊。祖莹8岁为都讲，即相当于今天的助教，在学习的同时也要讲课。可见，他入学时是幼儿，也可推断当时国子学（中书学）等是可招收少数天资优异的幼儿的。太和九年（485），文明皇后下令建皇宗之学，以教育皇子皇孙，皇家幼儿自然也可入学。

由上可见，魏晋南北朝时期还没有专门的幼儿教育机构，当时的幼儿教育机构主要是附属于初等、中等程度的各类学校的。而初等、中等程度的各类学校是在学制不健全或其他特定的条件下才兼招少量幼儿的。

第三节　唐宋的家庭教育与蒙学教育

一、唐宋时期家庭教育的特征

隋朝虽然国运不长，但它结束了南北朝的分裂局面，使得全国统一和文化繁荣的景象开始出现。唐代继隋朝之后，在文化上有很多开拓和创新，例如，完成自汉以来的儒家经学的总结，大力发展学校教育，推行以科举考试取士的选士制度等，从而促进了整个社会重视教育风气的形成，一批又一批的庶族地主通过教育和科举的途径登上了政治舞台，出现了"读书做官热"。宋代沿袭隋唐的科举取士制度，而且特别注重文化与教育，由此在整个社会，自皇室宗亲贵族阶级至官僚阶层和广大平民之家，都把家庭教育作为政治活动和家庭生活中的大事。唐宋时期的家庭有以下明显的特征。

第一，从皇家的家庭教育来看，在唐朝时期，皇家教育开始形成独立而完整的学校体系。如隋代最早在东宫设置"门下坊"和"典书坊"。门下坊设左庶子、内舍人和录事诸官，典书坊也设庶子、舍人、洗马诸官，这些官员主要从事皇太子的文化与道德教育。唐代除三公、三少外，还设有太子宾客，并设置詹事府，统管东宫政教，詹事府内设左右谕德官专门讽谕规谏皇太子。唐代将隋代的门下坊改为左春坊，典书坊改为右春坊；在贞观年间又专为皇太子设置崇文馆，设学士官，并建有东宫图书馆，所藏大量图书为"秘书"，专供皇室子弟教育使用。宋代为了加强皇太子的教育，增设詹事讲读官、太子侍读、太子侍讲官等，并设置资善堂为皇太子及其他诸王子的肄业之所。资善堂的教官有翊善、赞读、直讲、说书等。南宋初还在东宫门内建有书院，因为书院是民间兴起的文教机构，不能体现皇家教育的特殊性，所以后来又弃书院之名改为"学新堂"。

第二，由于科举制度的推行，激发了广大庶族地主阶层和少数平民之家子弟的读书兴趣，促使家庭教育与科举考试紧密结合，"望子成龙"成为家庭教育的动机和目的。在一些仕宦之家，由于从家教成就中获得了切实的利益，于是延师教子的风气长盛不衰。一些富家大户人家，也纷纷兴办"家塾"，或者联合数家或一族，建立私塾性质的学校，延聘当地或外地的名师任教。这样，家庭教育也日益与学校教育联系起来，甚至出现了家庭教育学校化的倾向。

第三，封建纲常的礼教在家庭教育中占有重要位置。礼教，在汉代就以三纲五常的具体内容和形式出现，并贯彻在各类学校教育中。唐代以后，礼教不仅有了成套的理论和实践要求，而且随着家庭教育的学校化，日渐渗透到家庭教育的实际活动中。在唐代和宋代，《家范》《家规》《治家格言》之类的礼教内容，开始丰富和完善起来，它在很大程度上影响了封建社会后期家风的形成。

二、唐宋时期的蒙学教材内容

我国古代不仅注重家庭教育，而且十分重视家教教材的编写。由于家庭教育要以识字启蒙教育为基础，所以蒙学教材的编写就显得尤其重要。自西周或者更早的时期，统治阶级就着手家教教材的编写。至于蒙学教材的编写，先秦时期就很重视，但流传下来的不多。汉魏六朝时期，蒙学教材的编写和应用比较普遍，积累了不少经验。唐宋时期，由于家庭教育相当发达，所以蒙学教材的建设也在这一时期获得了很大发展。

在唐宋以前编写和被保存下来的蒙学教材包括：李斯的《仓颉》，赵高的《爰历》，胡母敬的《博学》，文字多取自《史籀篇》。汉初，将它们合编为平民之家的识字教材，统称为《仓颉篇》。而后有司马相如的《凡将篇》，史游的《急就篇》，李长的《元尚篇》，扬雄的《训纂篇》，贾鲂的《滂喜篇》，张揖的《埤苍》，蔡邕的《劝学》《圣皇篇》《黄初篇》《女史篇》，班固的《太甲篇》《在昔篇》，崔瑗的《飞龙篇》，朱育的《幼学》，樊恭的《广苍》，陆机的《吴章》，周兴嗣的《千字文》，束皙的《发蒙记》，顾恺之的《启蒙记》等。这些蒙学教材大多是为了满足皇家和仕宦之家子弟识字教育的需要而编写的，属于所谓的"小学"（识字）教材。有的在教学过程中不断地被淘汰，有的可能属于皇家所私有或为仕宦之家所家传，所以后世流传于世的只有《急就篇》和《千字文》两篇。其中《千字文》是以出色的编排和王羲之的书法相结合才得以留传下来的，它适应了小学教育的需要。

唐宋以后，由于科举制的推行，平民之家的文化教育兴起，所以蒙学教材的种类由单一的识字课本，逐步拓宽到综合知识型、道德教育型、提高阅读能力型、陶冶儿童性情型等各种门类。

以识字为主的综合知识型的教材有《开蒙要训》《百家姓》《三字经》《对相识字》《文字蒙求》和"杂字"书等。《开蒙要训》流传于唐五代时期，全书 1400 字，都是用四言韵语依次介绍自然名物、社会名物、衣饰寝处、身体疾病、器物工具等内容。《开蒙要训》多是用生活常用字编写的，影响了后世杂字书的编写。《百家姓》是集汉族姓氏为四言韵语的蒙学课本，成书于北宋。《三字经》相传为宋代王应麟所编，后经明清陆续补充，至清初该书收字 1140 个，三字一句地叙述了人生教育的重要、三纲五常十义、五谷六畜、四书五经、历朝史事，以及历史上勤奋学习而"显亲扬名"的事例等。《三字经》知识广泛，句法灵活，语言通俗，是古代中国蒙学中最著名的家教教材之一，受此影响的有《文字蒙求》，它是清朝教育家王筠从许慎《说文解字》中选辑常用的 2000 余字编成的，并且以汉字造字规律带动识字的教材。《对相识字》是宋末出现的一本图文对照的识字课本。实用的杂字书历代都有，但图文对照，讲究直观教学效果的识字课本，《对相识字》堪为首创。后来，《三字经》《千家诗》等亦仿照此类，图文并茂。

以封建伦理道德为主的蒙学课本，除了长期使用的《孝经》《论语》之外，还有唐代佚名者著的《太公家教》，宋代朱熹的《小学》，吕祖谦的《少仪外传》，吕本中的《童蒙训》，程若庸的《性理字训》等。这些蒙学教材对后世有很深远的影响，如明代吕得胜的《小儿语》，吕坤的《续小儿语》，朱升汇编的《小四书》；清代李毓秀的《弟子规》，王相汇编的《女四书》，以及流传的《昔时贤文》《圣谕广训》等，它们以宣扬"三纲五常""三从四德""礼义廉耻"等伦理道德为主要内容，这些书有被译成不同民族语言使用的，也有流传到日本、朝鲜以及东南亚国家和地区的。

以社会和自然为主的蒙学课本也很多，代表作主要有唐代的《兔园册》以及李翰的《蒙求》。《兔园册》相传是唐代虞世南为皇家子弟学习而编，五代时为乡村塾学所广泛采用。《蒙求》亦为唐时的上层统治者家庭教育的教材，全书讲述的多是历史典故，每句四字，上下对偶，各讲一个历史人物或传说人物的故事，如匡衡凿壁，孙敬闭户、孙康映雪、车胤聚萤。宋代以后陆续出现了各种《蒙求》和同类的读本，如《十七史蒙求》《广蒙求》《叙古蒙求》《春秋蒙求》《历代蒙求》《名物蒙求》等。明末程登吉原编，清代邹圣脉增补注释的《幼学琼林》，曾在清代风行全国，影响颇为深广。《幼学琼林》简称《幼学》，原名为《幼学须知》《成语考》和《故事寻源》等，它共 4 卷，按内容分成天文、地理、人事、鸟兽、花木等 30 余种类编排。《幼学》的编写是根植于唐宋时期蒙学课本的基础上的，但其成就超越了唐宋。

以提高阅读能力为目的的趣味读物，有宋代胡继宗的《书言故事》开创先例，后来此类教材大有发展，如元代虞绍的《日记故事》，明代萧良友的《蒙养故事》（后经杨臣净增订改名为《龙文鞭影》上下卷），清代李晖吉等续编的《龙文鞭影二集》，丁有美的《童蒙观鉴》，此外还有《二十四孝图说》等以封建伦常故事为主的、富有趣味的读本，均先后在平民之家的小学和塾学中使用。此外，还有用以陶冶儿童性情的诗歌读本。最著名的有《千家诗》和《百家诗》，其主要内容取材于唐宋时人的作品，今仍流行。

三、隋唐五代时期的蒙学教育

(一) 隋唐五代时期皇宫蒙学教育的教师

隋统一中国后，师保傅之制仍沿袭北齐做法，设太子"三师"以"掌师范训导辅翊皇太子"。同时设"三少"以"掌奉皇太子以观三师之德"。以詹事掌管东宫内外众务，事无大小皆统之。唐代的师保傅制度，对前代传统既有继承又有创新。在东宫设詹事府，统管众务，置左右二春坊以领诸局。除"三师""三少"外，于显庆元年（656）以太子太傅兼侍中韩瑗、中书令来济、礼部尚书许敬宗、左仆射兼太子少师于志宁并为皇太子宾客，并将太子宾客定为官员。定置四人，掌调护、侍从规谏，以教谕太子。另于贞观年间专设太子学馆即崇文馆，设学士等官，掌东宫经籍图书，以教授诸生。这是我国古代典型的为皇太子及皇室子弟设置的教育机构。

五代时期共历时 53 年，由于各代历史甚短，最长的后梁也不过 16 年，最短的后汉仅3 年。五代时期的师、保、傅之职大多沿袭唐朝。后梁设有太师、太保、太傅、太子太保、太子太傅等，但多用于加封或追封，无具体实权。后唐设有太师、太保、太子太师、太子少傅、太子少师、太子少保、太子詹事及太子宾客以及太子赞善大夫等，不过三公及太子三少等也多用于加封和追封。有的虽加设置，但由于战争不断，真正对太子进行教谕者不多。后晋、后汉、后周三代也大体如此。总而言之，五代时期，师、保、傅之职多为虚设，并没有多大的实际作用。

隋唐五代时期，十分重视提高师保傅的地位，特别是唐代尤为明显，如唐代太子三师都由朝廷重臣兼职，官秩从一品，太子少师从二品，太子少保和太子少傅正二品。太子宾客、詹事均为正三品高官。唐太宗时撰有《立师仪注》，要求师傅与太子遵行，以提高师傅地位，让太子尊敬师傅。隋和五代也将三师作为元老重臣加官，礼遇极隆，施用极严。

(二) 隋唐五代时期的蒙学教育机构

隋文帝和隋炀帝都曾下诏在州县设立学校，《隋书·儒林传序》记载，当时"京邑达于四方，皆启黉校，齐、鲁、赵、魏学者尤多。负笈追师，不远千里，讲诵之声，道路不绝"。当时幼儿也可入学校接受教育，如薛濬幼好学，有志行，寻师于长安。时初平江陵，何妥归国，见而异之，授以经业；卢太翼七岁诣学，日诵数千言，州里号曰神童。由此可见当时部分幼儿不仅可入学，而且有的人学习能力还很强。

唐代从中央到地方都设有官办小学，甚至农村的乡、里也不例外，同时政府还鼓励私人办学，因此这一时期私立的小学、蒙学发展很快，这为幼儿受教育提供了广泛的场所。加上唐实行童子科，更刺激了幼儿求学的决心。唐代规定凡在 10 岁以下能精通一经以及《孝经》《论语》，包括背诵 10 篇文，全部通过者授予官职，通过 7 篇者授予出身。童子科开始于唐太宗、唐高宗年间，到代宗广德二年（764）五月，礼部侍郎杨绾发现童子科有使儿童凭其小聪明而获官的可能，请废童子科，到代宗大历三年（768）四月又重新恢复，下诏要求每年都要考选年龄在 10 岁以下，通一经兼《论语》《孝经》者申送礼部，同明经、举人等一同考试。大历十年（775）五月又敕令童子科宜停。开成二年（837）十二月诏各道禁止滥荐童子，虽然有这样的禁令，但以童子为荐者，比比有之。以童子荐举并可授予出身，这促使父母关心幼儿教育，许多父母尽力让幼子入学，实在不能入官学、私学的，便在家中教授。

官学在五代时期大为衰落，当时的蒙学教育主要由私学和家庭承担。当时不少幼儿求学十分勤奋，成才者较多。官学几乎无暇顾及幼儿教育，幼儿所入学校也多为乡村或城镇里巷的蒙学。

由上可见，秦汉至隋唐五代，贵族的蒙学教育很受朝廷重视，朝廷还专门为皇族子孙设置了蒙学教育的职官，特别是晋时形成了"三公""三少"制度，使宫廷蒙学教育职官逐渐趋于完备。这些职官除负责贵族幼儿的教育外，还担任着较高的国家官职，对皇子特别是太子幼儿时的教育也担负着管理重任。秦至五代，由官邸之学与地方官学、私塾一起承担着幼儿学校教育的任务，独立的蒙学学校教育机构尚未独立，家庭仍是幼儿接受教育的主要场所。因此，这时在民间没有严格意义的蒙学教育教师，父母等亲人、相关的学校教师等兼任蒙学教育教师的角色。

四、宋代时期蒙学教育的深化

宋辽金元时期，人们很重视蒙学教育的地位，朝廷对幼儿教育的地位也十分注重。为了培养好王朝的继承人，朝廷十分注重师保傅制度以及宫廷学校的建设，以便太子及皇族子孙从小就受到良好的教育。同时为了推进社会的发展，十分注重选拔和任用聪慧幼儿。宋朝继承前代传统，特设童子科，以选拔年幼而有才华的儿童。在中选的童子科中，年龄最小的仅 3 岁，如蔡伯烯。宋孝宗时，吕嗣兴仅 4 岁就中选，被授予右从政郎等。由于朝廷对幼儿读书的重视，有些人很重视幼儿的早期教育，如宋高宗时饶州便有兄弟童子三对共六人中选，即江安国、江定国、戴松、戴滋、张岩叟、张岩卿。宋孝宗时还出现了一名叫林幼玉的"女神童"，背诵经书文字四十三条，全部通过，被封为"孺人"。金朝于金熙宗即位的第二年（1136）仿宋制设经童科。

宋辽金时期，由于朝廷对神童选拔比较重视，因而所选神童大都名实相符，中科举的童子，许多人后来都成为国家重臣，如宋代的杨亿、宋授、晏殊、李淑等都成为著名的贤明宰相。辽金两朝的情况也有相似之处，当时的朝廷开设了童子科，对中选幼儿都授予出身或官职，说明当时对幼儿教育是十分看重的。

第四节　元明清的家庭教育与蒙学教育

一、元明清时期家庭教育特点

元、明、清诸朝，是我国封建社会走向衰落的时期，在这一时期，为了加强思想控制，封建统治阶级大力加强社会基层组织，如保甲、村社等建设，加强家族族权对家庭成员的言行管教。按照宋明理学家的"齐家""治国"思想，把以"修身"为手段的"齐家"家教与国家政治秩序及社会伦理道德秩序的巩固紧密联系起来，形成了元明清时期家庭教育特点。

社学在元代时期开始建立，所谓社学即以社会基层组织为单位的政教合一组织，它由一定血缘关系的家或家族结合组成，在教育上主要推行封建纲常伦理教化。在社会教化的影响下，家庭教育受到封建统治阶级的控制。

明代推行里甲制度，家庭教育也有社会化的特征。明太祖朱元璋大力推行加强族权对广大人民的思想统治的政策，从而使族长、家长成为一家一族总领纲常伦理教育的合法者。而家长或族长依照"家规""家法"对家族成员实行严密的思想言行管教。明代中叶，社会教化得到加强，如乡约组织、保甲连坐等，都使得家族的家庭教育越来越趋向政治化。明中叶以后的理学家，往往是聚合家族推行封建纲常伦理教育的大家长，他们制定了比官府的法律还要苛刻的家规戒律。

清代继承了元明时期的家教传统，更是把家庭教育作为加强封建统治的重要措施。19世纪40年代以后，我国封建社会制度和家庭制度开始解体，由此古代的家庭教育开始向近代转化。

二、明代教育机构的幼教功能

明代时，中央官学的国子学曾向幼儿开放。洪武元年（1368），明太祖朱元璋下令刚继承爵位的年幼的郑国公常茂、蕲春侯康铎等入大本堂读书。洪武五年（1372），朱元璋又下令让年幼的刚袭爵位的公、侯、伯及武官子弟都入国子学接受教育。俞汝楫《礼部志稿》中也提到，当时文武官员的子弟由于年幼骄逸，承袭爵位后多不称职，于是皇上便下令叫这些年幼子弟都进国子监读书。后来改为将这些幼儿暂时遣回家去学习，等年龄稍大一些，再到国子监来读书。于是礼部奏准，凡年龄在15岁以上的仍留在国子监肄业，15岁以下的遣回家中。这也说明，在此之前，国子监曾收教刚离开襁褓的幼儿。

明英宗正统年间，在两京建设立了武学，用来培养各袭位的年幼官员或还未袭位的年幼子弟，武学配有教师和训导人员，均仿照京府的儒学体制办理，这便是武学向幼儿开放之始。正德五年（1510），题准公侯伯应该继承爵位的子孙送到武学接受教育的，今后仍让他们各拜访保门馆，以便增长他们的武技。在承袭爵位之后，年幼的送到国子监读书。正德十四年（1519）规定凡世子、众子、长子、将军中尉等年龄不到弱冠的，应由吏部选取学识渊博、德高望重、能作榜样和模范的王府长史、纪善、伴读、教授等官来进行教诲，要求根据儿童年龄和聪明程度确定课程，严格进行教育，不能简单应付了事。景泰二年（1451）礼部上奏希望能依照永乐年间的做法，在国子监学生中挑选年幼聪明、长相好看的到四夷馆学习。天顺三年（1459），礼部左侍郎邹干等上奏，希望能敕令翰林院，从今后起，各馆有名额时，仍然依照永乐年间的办法，挑选年幼俊秀的国子监学生，送到馆内培养。明英宗对这个建议大为赞同，但是这些学校是否招收8岁以下的幼儿，没有明确的记载。

明代时，地方官学也向幼儿开放，如毛科撰写的《兴建贵州提学分司记》提到，当时贵州省城文明书院、提学分司有应世袭武官爵位的年幼官费学生近百人；靠近城边的社学招收有仲家、蔡家、忔佬、苗子、罗罗等族的幼儿100人。明宪宗成化十七年（1481）二月，礼部上奏：如地方偏远，年幼儿童入学有困难，应督令地方政府开办一所社学，延聘附近有学识的人为教师，让提学官负责考核，明宪宗批准了这个建议。明神宗万历十七年（1589）十二月，提学御史杨四知请京师各坊都设立社学，以便教育童蒙，明神宗表示赞同。当时的人们十分重视社会的作用，认为如果百姓年幼便知礼义，等到长大成人，思想和行动必然都不会违背礼教。

此外，明代私人创办的蒙馆也收授幼儿。与此同时，家庭在幼儿教育中仍发挥着重要作用。由此可见，到明代时，不仅私塾、蒙馆承担着幼儿教育的任务，中央官学、地方官学特别是官立的社学也在幼儿教育中发挥着越来越重要的作用。

三、清代教育机构的幼教功能

清代时期的教育机构继承了明代的传统，中央官学、地方官学、私学及家庭都承担着幼儿教育的任务。在中央官学方面，八旗官学要招收幼儿，在康熙时，八旗官学已招有幼儿。雍正五年（1727）十月，康亲王、果郡王同国子监祭酒孙嘉淦商议八旗官学招生之事，后向雍正皇帝条奏：八旗设立官学，原本想每户都能分享受教育的恩泽，不应限定门第。不过，如果是学习满文的，则应该招收幼儿。今后选取官费生，其年幼的，让他们学习满文。八旗新兵因世袭制而招有幼儿，以至年纪太幼小而不能操弓上马。建议将八旗官学中年壮而读书迟钝的遣回旗内接受军事训练，而将新兵中的幼儿补充到八旗官学中学习满文，等年龄稍大一些才学骑马射箭，这对双方都有好处。雍正皇帝同意了这项提议。这样，八旗官学招收幼儿接受满文教育成为定制。康熙五十二年（1713）在畅春园的蒙养斋设算学，选八旗世家子弟学习算法，其中也有一些幼儿入学。到乾隆三年（1738），乾隆同意尚书孙嘉淦的上奏：算法一科，理论与方法精深微妙，并不是幼儿能很快学懂的，这项政策影响到了幼儿入算学接受教育。

清朝内务府管辖的景山官学注重幼儿教育。康熙二十四年（1685）下令在北上门两旁设立官学，挑选内府三旗佐领、管领下的幼童 360 名入学。乾隆四十四年（1779）准许回民佐领下选补 4 名幼童入学。嘉庆年间，定额镶黄旗、正白旗各为 124 名，正黄旗 140名，回民儿童 4 名。

清朝时期，还向幼儿开放了咸安宫官学。雍正六年（1728），奉皇上谕旨：当时咸安宫内房间空闲，从内府佐领、管领下的幼童及景山房学生中选取优秀的 50~60 名或 100 多名，委派翰林等进行教育。于是根据雍正旨意，在咸安宫内修建三所读书房，每所收学生 30 名，不住校，但如果遇到天气炎热、寒冷或下雨时，幼儿也可在学校住宿。

长房官学也曾招收幼儿，如乾隆三十四年（1769）诏令：万善殿一直有十余名年幼内监读书，派一名汉人教师专门负责教所有课程。后因教授不方便，于是将在万善殿学习汉文的年幼内监归并到长房读满文的小内监处读书。这样，教育幼儿的任务便由长房官学担当了。

除中央某些官学外，地方学校特别是地方义学也兼收幼儿，如乾隆元年（1736），乾隆帝下令顺天府尹转饬大兴、宛平两县清理义学基址，重新修葺扩建，规定：凡愿就学者，不论乡城，不拘长幼，俱令赴学肄业。以后清廷还令各地广立义学，使得很多幼儿有入学读书的机会。

此外，当时一些不能做官的穷秀才或年老归家的小官僚，或地方上热心教育事业的知识分子多在自己家中创办学堂。一般名为学馆，以收学生束脩维持生计或自娱，其中幼儿也是重要的生源。当时有钱人家多请名师到自己家去坐馆教自家及亲友子弟，这种教馆一般名为家塾，所收学生多包括幼儿。

总而言之，清朝时期，上至某些中央官学，下迄地方义学、私学等学校均招收幼儿。

四、新式幼儿教育萌芽与发展

在 1840 年之后，中国的文化教育，特别是幼儿教育方面的变化十分缓慢。在 1904 年 1 月颁行"癸卯学制①"之前，中国传统的旧式幼儿教育在整个蒙学教育领域中占绝对支配的地位。当时绝大多数中国的幼儿一般在家庭之中接受生活教育及旧式的文化教育，少数聪慧者则在私塾等旧式学校中接受旧式的文化教育。只有少数例外，这里的少数是指在这一时期也有新式幼儿教育在极其缓慢地萌芽。新式幼儿教育的出现与列强的文化渗透和国人的救亡图存有较大关系。在"癸卯学制"颁行之前，虽然培养的新式幼教师资不多，新式幼儿园的数量也非常有限，但这毕竟迈出了开办新式幼儿教育的关键性一步。有了这个起步，就为以后幼儿教育事业的发展奠定了基础。"癸卯学制"颁行后，除原已创办的少数新式蒙学教育机构继续得到发展外，各地又相继有一些新式蒙学教育机构出现。从蒙养院和幼儿入院数来看，当时新式幼儿教育的规模很小，但它毕竟打破了旧式幼儿教育之海的沉寂，为中国幼儿教育的发展带来了一线新的曙光。

---

① 中国近代由国家颁布的第一个在全国范围内实行推行的系统学制。因制定颁布于旧历癸卯年，故又称"癸卯学制"。

第四章　中国古代教育中的学科发展

第一节　中国古代教育中文论学科话语转型

当前，中国古代文论学科并不置身于后古典范式，而是处于后古典范式转型中或后古典趋势中。这一方面意味着，中国古代文论学科话语尚处于原有的以知识性、学科性为主的范式状态；另一方面也意味着中国古代文论学科话语从知识到思想转型的趋势。任何学术的发展都离不开范式的推进，这仍有待于学界的共同努力。下面以后古典范式转型中的中国古代文论学科话语为例，阐述中国古代教育中文论学科话语转型。

一、后古典范式转型中的中文论学科意义

就意义而言，后古典范式转型中的中国古代文论研究，除了对自身的推进之外，它有着积极的启示和引领作用。后古典范式转型中的中文论学科意义，具体内容如下。

第一，后古典中国古代文论研究推动中国古代文学参与社会进程。理论源于实践，又推动实践。中国古代文论的经验主要源自中国古代文学，而随着后古典中国古代文论研究的拓展，必然带动中国古代文学的当代化发展。

第二，后古典中国古代文论为当代中国古代文论提供思想支撑，使当代中国文论具有数千年的厚重文化底蕴。中国古代文论是中国文论的母体，当代中国文论的发展离不开中国古代文论。随着后古典中国古代文论研究的深度开掘、精耕细作，必然给当代中国古代文论提供更多的营养和启示。

第三，后古典中国文论研究可以激发中国古典人文学的时代活力。文论与哲学、美学、史学等关系密切，同时发挥文学形象意蕴的优势，因而在人文学层面，中国古代文论发挥着重要的理论引领作用，回应当今娱乐化、世俗化、科技化带来的诸多精神与社会问题，激发清新、温柔敦厚的传统人文魅力。

第四，后古典中国古代文论研究促进中西文论与人文对话。后古典中国古代文论研究

激发中国文论精神，形成与西方文论平等对话的机制，回应全球化与本土化等问题，推进世界文论共识（审美、文化）机制的建立，在人类文学共同体、文化共同体、命运共同体建设中发挥作用。如今后古典的中国古代文论可以与美学、艺术学、文化学等结合在一起，焕发出理论学科的魅力，在中国当代新文化新文艺的发展，以及中国特色哲学社会学科话语建设方面，贡献自己的力量。

二、后古典范式转型中的中文论学科内容

从内容上来看，后古典范式转型中的中国文论包含着对古典文论的发掘、整理、归档、编目、复原、凝练、提纯，以此呈现一个立体、丰富、鲜活的中国古代文论知识生态。后古典范式转型中的中文论学科内容，大体包括四个层次。

第一，中国文论的知识学，还原中国文论的本来面目、知识体系：这一点侧重知识的整体性还原，是中国古代文论研究的重心。如果想要做到这一点，需要"去叙事化"与"再历史化"，回到中国古代文论的历史语境与文化现场，对一切的中国古代文论史叙述加以反思，以实事求是的态度面对文本（文献、概念）本身。另外，中国古代文论还应该积极拓展知识考古学、文献学、谱系学等途径。

第二，中国文论自身独特的方法论：这与中国古代文论研究的方法论不尽相同，更多的是指中国古代文论长期以来，立足于中国古代文学与文化形成的独特的方法论体系，如（经学）阐释学、批评方法（诗文评点、象喻）等。这具有很强的实践性，可以吸收到当代中国文论研究中来。

第三，中国文论的价值观：这既体现为中国文论对于中国文学自身价值（言志、缘情、美善一体、比兴寄托、文道等）的揭示，也体现为对中国文论自身价值（礼、经、道、心、人等）的总结。这些价值观需要做出现代化的审理，辨析其正负面效应，选择在当代仍然富有价值的内容加以发扬。

第四，中国文论的精神性：这个精神性就是中国文论的灵魂，不是增加多少知识，而是给人以启迪。一方面，中国文论的精神对于当代的文学创作而言具有促进意义，如中国文论中的自然、比兴、意象等；另一方面，传承中国古代的诗教传统与人文传统，注重士人、文人意识，同时将近代知识分子的专业意识、批判意识融入其中。知识学、方法论、价值观、精神性共同构成中国古代文论学科话语后古典范式转型的核心要素，同时也是中国古代文论学科研究的重要内容，但是相比单纯的中国古代文论学科研究，要具有更强的文化与思想意识，它是超学科的。

三、后古典范式转型中的中文论学科方向

从方向上来看，后古典范式转型中的中国古代文论是多方面的。这是中国古代文论"何去何从"的问题，后古典范式转型中的中文论学科方向，大体有四个方向。

第一，学科反思方向。后古典并不是抛弃学科，而是思考如何进一步完善中国古代文论学科格局，发挥学科优势，促进内涵式、特色化发展。一方面，中国古代文论学科不能满足于现有的学科框架，以今释古，把中国古代文论资料化，用以佐证西方理论或当代理论；另一方面，中国古代文论学科长期处于文艺学的边缘，或者成为中国古代文学的边缘，这不利于学科发展，所以要激发中国文论自身的主动性和能动性，参与文学、艺术、美学、文化建设。

第二，学术反思方向。后古典仍然需要学术性的内容，探讨如何进一步拓展学术发展的新思路，激发学术的创新性与能动性，形成一批标志性重要成果。思想不能没有学术，思想重在方向，学术是对方向的论证、调试与完善。后古典呼唤一种思想性的文论成果，给人以思想的激发与振奋，学术性与思想性完全可以结合。如今学术专著过于严谨，反而失去了灵动。其实，中国古代文论研究不必过分拘泥于专业化，完全可以在艺术研究、文化研究，美学研究以及普及性的文学研究中有所落实。

第三，文化反思方向。文化反思与学科反思学术反思密切相关，但着眼点是文化。文化是一种生活氛围和共识性机制，与人的生活息息相关，传承不息，达到"人文化成"的效果。就古代文论而言，文化反思就是探讨如何进一步发挥古代文论在传承文化精神上的重要作用，重建中国人的文学生活世界，促进中国文化现代化，增进中西文化交流。对文学的理解是对文化理解的重要方式，文论是文学经验的理论表达，凝练着中国人的文学智慧，这是人类文化的瑰宝，增进中国文化的自信，需要文学的自信、文论的自信。

第四，社会反思方向。社会反思方向重在探讨如何推进中国古代文论进入当代社会。这方面较之学科反思、学术反思、文化反思关注最少，却非常重要，这是精神性层面的更大范围的拓展。中国古代文论不是书斋中的学问，而是可以参与社会进程（厚人伦、美教化、悦远人等）的学问，主要表现为当代化与跨文化化。

总而言之，从中国古代文论学科话语反思的历史经验，以及后古典的若干要素、方向来看，中国古代文论研究已经进入新的发展态势，后古典范式转型正是对于这一态势的概括。如今，中国古代文论话语已经不只是知识存在、学科存在，更是一个文化存在、思想存在，给当代社会以启示，构成当代社会不可分割的一部分。从知识到思想这一中国古代文论学科话语的后古典范式转型，不仅对中国古代文论研究学科自身发展有促进意义，推

动中国古代文论发挥积极的多方面作用，也对当代中国文论研究的深化与整合也有借鉴意义；把古典精神注入当代文论，更对文化复兴与中国特色哲学社会科学话语体系建设有启示意义，在古典的创造性转化与创新性发展中，推动中国文化现代化走向深入。

第二节　"文化理解"学科下古代音乐教学

"中国古代歌曲是我国优秀的文化瑰宝，值得我们带领学生进行鉴赏和探索。"① 下面以"文化理解"学科为例，阐述古代音乐教学。

一、吟诵诗文，激活文化基因

吟诵的声调或吟诵的音乐就是"读者之兴"，即读者在诵诗的过程当中，自然而然地吟诵出音乐旋律以表达自己的情感。古代文人的诗词文赋是利用唱、吟、诵等各种形式进行创作，这里"唱"并非歌唱，而是吟诵，因为汉语本身就有声调，只是语言的声调和音乐的旋律节奏并不等同。

另外，在华夏儿女的血液中流淌着古代音乐文化吟诵的潜在基因。例如，在执教吟诵调《送元二使安西》的过程中，学生吟诵到"城""轻""青""柳""一""西""关"等字时，都会不由自主地摇头晃脑，或者将有些字的字腔拖长或是缩短，这些现象都证明中国人有潜在的、未经开发的传统文化基因。因此，可以在整个教学计划中，将"激活基因"放在首位，目的是先唤醒学生身体里沉睡的"吟唱基因"，为之后的教学工作奠定坚实的基础。

（一）利用平仄，学会抑扬顿挫

吟诵诗文中的平仄即节奏要平长仄短，旋律要平直仄曲。节奏的平长仄短是指吟诵的节拍长短随诗句的平仄和音节而变化，只要按照这个节奏规律吟诵，就可以很快掌握诗词的节奏。例如，在执教《送元二使安西》这一吟诵作品时，学生起初无法正确把握每个字的长短规律，但在学习了古代四声八调系统与平仄符号标识后，便能够很好地将每个字诵出来。旋律的平直仄曲是指平声字读起来声调比较直，不升不降或升降不明显，仄声字声调有明显的升降，这个规律让诗句更具抑扬变化的感觉。例如，平声字不做变化，直直地

---

① 李晖，李冰.浅析音乐鉴赏中的中国古代歌曲教学［J］.时代报告（学术版），2012（12）：306.

诵出即可；仄声字可以加入一些前倚音进行变化。

（二）利用入声字，吟诵切分音

在教学时，可以将入声字看作吟诵中的切分音，发即收、声调上扬，极富弹性又充满了力量。掌握了入声字，诵读起来就可以增加顿挫感，效果妙不可言。例如，在《送元二使安西》的授课过程中，可以引导学生用"湖州话"来找出入声字，并利用"!"加以标识。诵读入声字时要做到短促、有力、稍加停顿，把握切分节奏的整体感觉。从课堂效果可以看出，入声字的诵读技巧还是比较容易把握的。总而言之，如果想要吟，必先诵。语言是音乐的基础，想要上好带有吟诵的音乐课，就必须重视诵读。在学生的诵读练习活动中，严格按照其中的规律进行诵读，可以达到事半功倍的效果。练习诵读，可以为之后的"吟"奠定基础，只有这个基础足够稳固，潜在的"吟唱基因"才能被激活。

二、吟唱诗文，启动音乐思维

学生的"吟唱基因"被激活之后，就可以正式进入启动思维这个环节。这里所说的思维就是"吟"。古诗词是音义结合体，"吟"在字典里的解释是"吟咏"，在此处可以进一步解释为"有节奏有韵调地诵读（诗文）"，更强调音乐性。启动思维这一环节旨在学生于"吟"的过程中，获得对音乐的理解力、感悟力、表现力和创造力。

吟唱的旋律是在诗句平仄的变化上产生的。平仄的吟诵，要做到三个基本准则，即"平低仄高""平长仄短""平直仄曲"。首先，"平低仄高"是指吟唱的音高随诗句的平仄进行升降，平声的音高要低一些，仄声的音高要高一些；其次，"平长仄短"是指在吟唱的过程中，音符的时值要随着平仄进行变化，平声的时值要稍微长一些，而仄声的时值要稍微短一些；最后，"平直仄曲"是指在吟唱的过程中，旋律的动态感要随着平仄进行变化，平声要平直，仄声要曲折。这三个基本规律自然而然赋予了诗句音高、时值和旋律走向的变化，使诗句更富有音乐性。

总而言之，激活思维这一环节是整个古诗词吟唱教学计划中的重中之重，它既培养了学生的传统音乐思维，又引导学生脱离固有的音乐思维进行创作和表演，形成属于学生自己的东西，并且增加了学生的学习积极性，树立了民族自豪感。

三、吟唱诗文，提升文化自觉

通过歌唱诗文提升文化自觉这个环节，主要围绕"唱"来进行。此处的"唱"它区别于我们所熟知的"歌唱"，所涉及的旋律简单，多采用同音反复或同音变化反复，音域较窄，音乐所占比例因人而异，具有即兴性与随意性。"唱"可以培养学生形成民族音乐思维习惯，将"民族音乐基因"最大限度地进行开发，从而形成民族音乐自觉。

例如，在执教《枫桥夜泊》过程中，学生基于"诵"与"吟"的声音规则，运用自己真实的生活体验，自觉找寻与古诗词的共鸣，并通过这样的真实感受去"唱"诗。在正式开始"唱"之前，学生已经在不知不觉中，慢慢养成了一种诗乐文化的行为自觉，这样的"自觉"就是文化基因。教师引导学生感受吟诵过程中平声字语调的音乐性，将平声字做一些音乐化的曲调处理，慢慢地音乐课堂会出现不同的旋律。学生在"唱"的过程中，旋律大体遵循"平低仄高"的规律，偶尔夹杂半吟半唱；节奏大体遵循"平长仄短"的规律，偶尔加入一些夸张的节奏处理方式。虽然大致遵循了旋律与节奏规律，但是，每位同学所"唱"的《枫桥夜泊》又都别具特色。

总而言之，在"唱"古诗词的过程中，所"唱"之人内心与古诗词中的意象，甚至是现实生活当中的人、事、物相接触时的一种直接的感动，往往可以激发"民族音乐基因"。因此，在"提升文化自觉"这个环节中，学生的自主音乐领悟力、概括力、想象力得到了充分的展示，沉浸在"唱"的过程中，体会诗乐文化的精髓，在内心深处与中国古代诗乐文化建立联系，自主驱动自己的民族文化意识，建立中华民族文化自信，激发内在的民族音乐文化自觉。

第三节 交叉学科下中国古代舞蹈史的探究

一、交叉学科下中国古代舞蹈史探究的必要性

舞蹈是一门以身体为物质载体的艺术，相较于其他艺术，舞蹈艺术在中国古代历史长河中向来是以师徒相承、口传心授的方式流传发展的，并无形成系统的技术体系和培养模式，且流传至今的活态舞蹈以及舞蹈资料十分有限，这就使得舞史研究者必须将研究视野放宽放远。"中国是一个历史悠久的文明古国，中国古代的舞蹈艺术也经过了几千年的发展形成了一套较为科学的理论体系"[①]。

在舞蹈界，已经有很多分支学科在交叉学科的影响下建立与发展，如将舞蹈学与生态学进行交叉研究的舞蹈生态学、将舞蹈学和解剖学进行交叉研究舞蹈解剖学、将舞蹈学和

①孙小然. 浅析中国古代舞蹈理论[J]. 音乐大观，2014（1）：164.

心理学进行交叉研究的舞蹈治疗、将舞蹈学与传播学进行交叉研究的舞蹈传播学等。受跨学科发展的影响，舞史学也开始将舞史置于宏观角度上，探索外部因素，如经济、社会意识、社会思潮对舞蹈本体产生的影响；探索内部因素，如舞蹈流传纵向的继承性和发展性、横向的借鉴性与创新性对舞蹈本体产生的影响，以求多维度、全面地研究舞史。

总而言之，在探索中国古代舞蹈史的进程之中，除了舞蹈学和考古学，还应引入其他与中国古代舞蹈史相关联的其他学科，如音乐学、文学、民族学、社会学、图像学等，采用交叉学科的研究方法，可以突破中国古代舞蹈史研究的单一视角，力求对中国古代舞蹈史进行更为全面和深刻的理解。

二、交叉学科下中国古代舞蹈史的应用探究

（一）文学在舞史研究中的应用

"三重证据法"居于当今舞史研究方式的主流，其中包括地上地下的文物、文献和田野调查。文物和文献作为舞史研究考察的重要物质材料、舞史研究者的研究主体，自然有着不可忽视的作用。文物，如汉画像砖、壁画可以将舞蹈形态直观、形象地呈现出来，但由于文物出土的有限性，形象捕捉的刹那性，舞史研究者仅可以获得部分的舞史信息，舞史研究者需要借助文献，从另一角度来对其进行深入考察和研究。虽然文字相较于直观呈现的舞蹈形态更加具有间接性，但是文学艺术相传性较高，关于舞蹈的描述资料较多，具有较高的参考价值。

文学与舞蹈一样，都为作者感悟而发的产物，在文学作品中的舞蹈资源是借作者之脑、作者之手来进行传达，这便带有了作者的主观意识，正是因为这种主观意识，研究者才可以借作者之眼，多角度、全方面地通过文字来研究舞蹈。所以，对文学作品中的舞蹈资源进行解读、剖析和阐述，也应是舞史研究的必经之路。诗词在中国古代文坛上占据着重要地位，诗词中对舞蹈场景的描述更是不计可数。因此，诗词便成为舞史研究者们研究的主要对象。

以唐代白居易的《胡旋女》中对"胡旋舞"的描述为例，"回雪飘飘转蓬舞"中便可以看出"胡旋舞"应是以旋转为特征，旋转时像流风中的雪和漂浮的蓬草；"人间物类无可比，奔车轮缓旋风迟"展现出"胡旋舞"旋转的急速，人间没有实物可以与它比拟，她的旋转比奔走的车轮和疾风还快；"臣妾人人学圈转"中可以看出"胡旋舞"的风靡性，已经达到了"人人学"，由此可见，当时"胡旋舞"在中原的盛行。

总而言之，从文学中存在的舞蹈资料为出发点，对文字中记载的舞蹈场面进行挖掘，

并且可在理解的基础上进行"复现",力求还原历史。这种舞蹈学与文学相结合的研究方式,既可以辅佐舞蹈本体的研究,又可以赋予文字以动态性的呈现,推动文学与舞蹈学的双向发展。

(二)考古学在舞史研究中的应用

我国于 1956 年 10 月正式成立了中国古代舞蹈史研究小组,自研究小组成立起,便承担起研究中国古代舞蹈文化的重任,与历史研究相伴的考古学便成了舞史研究的最亲密的伙伴。考察舞史的主要方法也由王国维先生首提的"二重证据法"逐渐发展为"三重证据法",即地上地下的文物、文献及田野调查,到中国艺术研究院茅慧老师提出的"四重证据法"即传世文献与符号学、地上和地下的考古材料与考古学和人类学、民族志与神话学和历史学的人类学转向,都表现出舞史研究在考古学帮助下的推进。

考古学中的类型学理论将分析材料,以同一风格、类型划分为同一系列对舞蹈文物的划分具有重大意义。历史上的每个时期舞蹈都具有其特定的、统一的、主流的舞蹈风格,如汉代的粗犷古拙之美、魏晋的清雅飘逸之美、唐代的雍容华贵之美、宋代的清淡娴雅之美等。舞史研究者可从文物中的图像所呈现的舞蹈形态、舞蹈服饰、舞者与旁人的互动中,确定其存在年代,站在历史学的角度,对中国古代舞蹈史中的舞蹈现象进行阐释与说明,将中国古代舞蹈史真正"史"化。因此,对文物中所呈现的舞蹈画面、舞蹈姿态进行正确的类型划分,并对其寻根问源,便可以借历史学的助力,使有限的舞蹈史料得以深化理解。

(三)艺术学在舞史研究中的应用

舞蹈艺术作为人类最早出现的艺术门类之一,在漫长的历史发展过程中,无疑与其他艺术进行了融合,且同身为艺术,它们都是人类情感的极致表达。与其他姊妹艺术关系中,舞蹈与音乐的关系最为紧密。舞蹈素来与音乐有着不可分割的关系,舞是乐之容,乐是舞之言,二者在合作中相互成就。从同时期音乐史的角度切入,便可以考究当时舞蹈的大致风格以及节奏动律。舞蹈与图像的关系,可见于史料流传下来的壁画、画像砖、舞俑等图像型的材料,将舞者的动势定格于刹那之间,无疑是研究中国古代舞蹈史中,历朝历代舞蹈形态的最有力证明。以下以图像学和音乐史学为研究参考角度,阐述艺术学作为舞史研究切入点的重要作用。

1. 图像学下的舞史研究

舞蹈作为图像学研究的对象之一,主要通过呈现出的舞蹈图像,对其进行描述、分析及阐释，解读舞蹈图像背后蕴含的艺术背景与文化含义。图像学研究分为三层解释理论，具体内如下。

（1）前图像志描述：运用实际经验来看其风格史，体现在舞蹈史研究中，为通过舞蹈图像的呈现确认其存在年代、舞容形态、舞人数目、舞蹈服饰等，是对图像自然意义的解释。

（2）图像志分析：运用原典知识来看类型史，体现在舞史研究中为解释舞蹈图像背后的含义，深究其取材，所绘人物及事件等，是对舞蹈图像传统意义的解读及作品特定主题的解释。

（3）图像学解释：运用综合直觉来看文化特征，体现在舞史研究中为揭示图像更深的内在含义或内容，探究其背后的深刻含义。图像学在舞史研究中的广泛运用表现为对壁画、画像石、画像砖等遗迹中的舞蹈图像的解读与研究。虽然以静态存在的舞蹈图像，只是捕捉瞬间的舞蹈形态加以刻画，但是，对"刹那"的选取，却是"千挑万选"以求能描绘出舞蹈最精彩、最动人的瞬间来刻画。所以，舞蹈画面通过图像学的分析与解读，可以更加深刻地把握舞蹈的动势与特征。

2. 音乐史学下的舞史研究

舞蹈在没有成为一门独立的艺术形式之前，与诗乐一起并称为"乐"，在长期的演变与发展中，舞蹈常与音乐联系在一起，有着不可分割的关系。且与舞蹈一致的是，音乐也是一种非物质形态存在的、可以通过物质载体所表现出来的艺术，当下虽然无法再现古代时期的乐曲原貌，但是古代乐器、乐谱、音乐文物等都为音乐史学研究提供了材料。音乐史丰富的史料对于相对资料贫乏的舞蹈史而言，无疑给舞史研究带来了新的突破点，自古舞蹈都是伴乐而舞，二者之间密不可分。音乐学在历史研究中，逐渐重视起考古学研究的方法，这对与音乐有着密切关联的舞蹈而言，无疑是另一个研究维度的切入。古代舞蹈的演出形式常为边歌边舞、伴歌而舞，这就肯定了舞蹈受音乐节奏、风格、旋律影响颇深。

（四）民族学在舞史研究中的应用

民族学是一门研究民族共同体的学问，受到了"民族音乐学"的热潮影响，舞蹈研究者开始将民族学与舞蹈学联系在一起，并且开始了研究"民族舞蹈学"的进程。"民族舞蹈学"的研究自然要涉及"民族历史舞蹈学"的研究，"民族历史舞蹈学"是以"民族舞蹈"为核心，以各民族"活态"的舞蹈为研究对象，研究该民族舞蹈的"变迁"与"延续"。从民族舞蹈历史的角度来看，中国古代舞蹈史，也成了舞史研究者的另一个研究角度。研究方法主要为从现存的"活态"民族民间舞中进行深挖，向展开"活态"舞蹈实践的人学习、进行调查，了解民族舞蹈本体、民族文化、民族历史，把握该民族舞蹈发展的整体脉络与内容。

　　总而言之，从以上四个方面探究了各学科在舞史研究中的应用，并且分别从不同维度对舞蹈史、舞蹈形态本体进行解读与分析，无论是从历史纵向发展、舞蹈相关文献考察、图像学、音乐史学还是民族学角度，其对舞史研究都具有不同角度的切入以及理解，使得中国古代舞蹈史研究成为一门多元化、立体化的研究课程。在舞史研究中，运用到的不仅限于这些学科，舞史研究者们站在不同的维度对舞史进行的研究、剖析，总会为单一舞蹈历史学科研究提供更多的思路，这为舞史研究的进步提供了有力支撑。

第五章 多维度视角下学科建设的发展

第一节 学科与学科建设的理论审视

一、学科的认知

"学科是在教育、科学领域内按专业知识划分的知识门类，是相对独立的知识体系。"① 根据学科的定义，学科的内涵本身应具有两重含义：一是从人对知识体系进行理解，主要是指知识体系或学术分类，有利于知识的传播和科学研究。著名科学家钱学森认为各个学科所面对研究的对象都是客观实际，不同学科之间的差别不在于研究对象，而在于学科内知识分为基础理论、技术基础、实际应用三个层次等。二是从知识形态来理解，是指学校教学、科研等的功能单位，是对教师教学、科研业务隶属范围的相对界定。我们通常意义上所讲的学科建设中的学科既具有第一重含义中的特征，又包含第二重意义，但偏重后者。

由于学科是一个相对独立的知识体系，也就是一个相对独立的科学知识发展单元，其外延也包含以下两重含义。

第一，从宏观上讲，学科作为一个独立的知识体系，是学科领域中建设和发展的一个基本单元。因为发展科技是一个巨大的、宏观的概念。知识领域像广阔无垠的大海，人类只有秉承"术业有专攻"的古训，根据生存的需要和社会科技发展的现实条件，选准一定的主攻目标和前进方向，科学分工，协同攻关，才能迅速顺利地达到胜利的彼岸，促进科技的进步和社会的发展。而划分学科明确了相应科研单位科技发展的具体目标和内容，研究人员就有了明确的分工，更有利于推动科技进步和发展。

第二，从微观上讲，学科作为一个独立的知识体系，应成为院校建设的基本单元。院

---

① 苏均平，姜北. 学科与学科建设［M］. 2 版. 上海：第二军医大学出版社，2014：2.

校建设应以学科建设为龙头。因为学科建设最具有全面性、系统性、科学性和影响力。将学科作为一个基本建设单元，其建设内容全面、系统地覆盖了院校自身的业务建设内容和所承担的职能，如人才梯队、支撑条件、体制、机制建设等，以及履行教学、科研、社会服务工作三大职能，其作用是任何一种单项的业务建设都无法达到的。

过去在寻求院校自身业务建设良方时，没有寻找到更有效的、系统性的业务建设途径，往往着重于单项建设，存有片面性。如人事部门单纯强调人才培养，科研管理部门单纯强调科技的促进作用，教务部门则强调教学工作、课程建设，后勤部门则仅仅强调营院建设。这种建设方法缺乏全面性和系统性，割裂了学校业务建设的有机联系和整体性，不利于学校的业务建设。而只有抓住学科建设这个龙头，以学科作为基本建设单元进行建设，才能涵盖学校所有的业务工作，才能充分体现学校业务建设的系统性、全面性和科学性，才有利于优化学校的资源配置，才能发挥综合建设的效力，促进院校业务建设全面、健康、快速的发展。因此，学科建设是院校业务建设的最佳途径。

二、学科建设的认知

学科的本质是知识分类，知识本身是不能进行建设的。所谓的学科建设实质上是对学科的载体进行建设。学科是无形的、抽象的，载体是有形的、实体的。这个载体就是院校、院系、科室。学科建设在一定程度上就是院校、院系、科室建设的代名词。

所以，学科建设的定义就是：建设主体（国家部委、省市、院校等）按一定学科口径（通常为二级学科）对数个学科的载体（通常是一所院校、一个教研室或由几个教研室组成的联合体）在政策上予以倾斜，投入人、财、物等物质资源进行重点建设，对学科的人才梯队、支撑条件、管理体制、运行机制、学术环境等内容进行系统、全面的建设。对学科的结构进行优化组合，使其具有全面的领先优势，特色明显，促进学科发展和学科水平提高，成为本单位教学、科研、社会服务职能所依托的优质平台的一种业务建设行为。

学科建设的定义包含了四层意思：一是明确了学科建设的投资主体，二是确立了建设的客体，三是明确了建设的要素，四是明确了建设的目标。

在一个单位中，学科建设需要在前期进行充分、广泛的调研、论证，对本单位的学科状况进行全面的梳理，在此基础上做好顶层设计，制订出本单位的学科建设的规划、计划、政策、措施。省市、院校层面的学科建设，多在二级学科层面进行，国家重点学科的建设多在院校层面进行。

学科建设分为广义的学科建设和重点学科的建设，通常讨论所提及的学科建设是整体的综合的学科建设的概念，但组织实施的则主要是重点学科建设，而不是泛泛的学科建设。重点学科建设就是根据社会的需求和时代发展需求以及科技发展水平和学校建设发展的需要，科学地选择本单位众多学科中的某一个学科或某几个学科，运用科学的、强有力的管理手段，采取突出重点，择优支持的倾斜政策，投入大量的人力、物力、财力进行集中建设，使其成为领先学科、优势学科和特色学科；成为教学、科研、为社会服务工作负责的支撑点和工作平台；成为培养高层次科技人才，出高水平科技成果，为社会服务，获取较高经济、社会效益的、具有示范和带动作用的基地。通过重点学科的建设的示范、辐射作用，带动一般学科建设共同进步、共同发展。

（一）学科建设的原则

学科的建设工作与其他工作一样，有其特有的必须遵循的建设和发展的基本原则。学科建设的工作必须遵循这些基本原则，才能保障学科建设的快速健康发展，这些原则主要包括重点建设原则、系统性原则、适应性原则、共生性原则、可行性原则、滚动性原则等。

1. 重点建设原则

在学科建设方面必须树立有重点才有突破，有突破才有快速发展的思想。在目前的社会发展阶段，由于受人力、物力、财力等客观条件的限制，学科的建设工作不可能全面铺开，齐头并进，而是必须根据国家、省市、院校、各学科的自身条件，发展前景和社会需求等实际，坚持重点建设的原则。有所为、有所不为，有所赶、有所不赶，有所投、有所不投。必须集中有限的人力、物力和财力，重点建设一批国家急需的、具有较大发展前景的优势、特色、潜发展和必须发展学科。在政策、资金、师资队伍建设等方面予以倾斜，使有限的资源发挥出最大的作用和效应。

2. 适应性原则

学科建设的目的是促进科技、经济、文化进步，促进社会的发展，出高水平成果，培养高层次人才。社会需求是学科发展的推动力量，学科的竞争力就是学科适应社会需要的能力。一所院校的各类学科只有能够对社会需要的本质特性有着深入的认识和理解，具有前瞻性反映的内在能力和机制，这样的学科才能生存和发展。所以，院校的学科建设必须适应我国国防、科技、经济建设的发展需求，适应经济全球化的发展趋势，适应国家经济、科技发展水平，适应学科既交叉、渗透、融合，又不断分化、衍生的学科特点，适应增强可持续发展能力对人才的需求等。

脱离需求的学科建设是"无本之木、无源之水"，是没有价值的。学科建设要坚持

"立足学科，面向社会，适应发展，满足需求"的建设方针，既立足于解决国家经济建设急需的问题，又解决学科业务建设的发展问题；既解决本学科领域的关键性的理论和实践难题，又培养和输送本学科领域国家急需的高层次人才，使学科的建设与科技、社会的发展同步，相互依存、协调发展。

3. 共生性原则

新时代，学科知识的交叉渗透已经成为一个普遍性的特征，任何一个学科门类几乎都交叉和渗透着其他学科的知识和技术。在这种形势下的学科建设，必须打破学科的界限，拓宽学科的口径，坚持共生性建设的原则，进行学科的交叉渗透和优化组合，优化学科的知识结构。

合理的学科结构必须是主干学科清晰、配套的学科齐全、学科交叉融合同存，是一个共存、共荣的有机集合体，并由此构成一个科学、优化的学科体系即学科群结构。学科群，指两个以上相关学科通过相互联系、相互作用、运用多学科的理论和方法，以学科共同关心的问题为研究对象. 共同探索解决问题的学科群体。

一所院校可以根据实际情况，围绕院校总体建设目标，以重点学科为主干，以若干个学科参与为支撑框架，互动共生，因地制宜地建立若干个各具特色的学科群，推动学科之间的交叉、渗透、链接。通过互动、共生、融合，不断催生新的学科生长点，实现学科在高度分化到高度综合基础上的可持续发展，带动新兴学科的发展和传统学科的改造，形成富有生机、网络化的"集约型"的学科群，推进协同创新，培养复合型人才。

坚持学科的共生性原则，必须注意学科共生的关联性。学科的共生组合必须是相关学科的有机组合，组合可以是紧密的亦可是松散的，对松散型学科组合，必须围绕主干学科发展方向，以课题为纽带，加强共生组合的紧密性。

4. 系统性原则

一群由相互关联的个体组成的集合称为系统。学科建设是一项复杂的系统工程，必须坚持系统性原则。系统工程是实现系统最优化的科学。系统工程的建设方法应用日趋广泛，系统工程的主要任务是根据总体协调的需要，把自然科学和社会科学中的基础思想、理论、策略、方法等从横的方面联系起来，应用现代工具，对系统的构成要素、组织结构、信息交换和自动控制等功能进行分析研究，借以达到最优化设计、最优控制和最优管理的目标。系统工程的基本方法是：系统分析、系统设计与系统性能的综合评价及其系统化的组织实施。

要追求学科建设最优化的目标，在管理上要坚持全校一盘棋的思想，做好系统的顶层设计，合理使用和调配各类资源，强化以人为本的观念，抓好各类要素的优化组合。坚持以人才建设为核心，以科研建设为动力，以条件建设为基础，以制度建设做保障的指导思想。强调全校各部门顾全大局，通力合作，各司其职，上下配合，齐抓共管，全面抓好学科的系统建设，切不可失职渎职，顾此失彼。只有坚持系统性原则的思想和方法，才能保证学科建设的各项工作落到实处，才能发挥系统性原则的整体效力，才能确保学科建设工作的全面的协调发展，才能提高学科建设的建设效率和效益。

5. 可行性原则

可行性原则指对过程、设计、程序或计划能否在所要求的时间范围内成功完成的确定。院校进行学科建设需要遵循可行性原则，既要制定稍微超前目标，更要有可行性论证和可以实施的计划，让学科建设的目标，努力就可以实现。要根据学校的实情，科学地做好学科建设的长远规划，根据人才、资金等条件制订切实可行的学科建设计划。

规划和计划都要量力而行，体现出可操作性、可实现性。要总体设计，分步实施，分层次、分阶段、有条不紊，滚动推进，力求按期取得建设实效。要遵循"有所为，有所不为""有多大能力，办多大事"的建设思想，认真总结发展进程中的经验，扬长避短，持之以恒，防止因急功近利、贪大求全、好大喜功而盲目投资，造成人力、物力、财力的极大浪费。

6. 滚动性原则

滚动性原则是指学科建设管理中必须坚持的一个原则，既是一个管理的原则，也是一个管理的方法，也就是要求我们对学科建设实施动态管理。这是由学科建设具有显著的动态性特征决定的。对学科来讲本身就具有多变性，社会的需求和知识的更新，都可能导致学科发生极大的变化。在学科建设中重点学科与一般学科的角色也是相对的、动态的，在一定条件下角色是可以互为转换的。

所以，对学科的建设必须坚持滚动性原则。一般 5 年为一个建设周期，总体规划、分步实施、分批建设、分期验收、优胜劣汰、滚动发展，切忌"一定保终身"的做法。要严格目标责任制，对学科建设要制定出严格的考核指标和科学的验收标准，保证大投入有大产出，投入与产出相适应。对检查验收不合格的学科要提出警告，限期整改，对整改仍不达标的学科要淘汰出局。要根据社会、科技发展需要吸纳新的学科入围建设。通过竞争淘汰的动态管理机制，激活学科建设的运行动力，保持学科建设的先进性和旺盛的活力。

（二）学科建设的特征

学科建设作为一项系统工程具有十分明显的特征，主要包括战略性、长期性、系统性、动态性、示范性等。了解这些基本特征，对做好学科建设工作具有重要意义。

1. 战略性特征

学科建设的战略性主要表现在以下方面。

（1）学科的建设是事关院校建设发展全局和长远发展的战略性工作，是院校业务建设的基本方法，是建成特色院校和一流院校的根本途径，在学校的业务工作中占据不可替代的战略地位。学科建设是院校、科研院所业务建设的核心，是院校业务建设的龙头，抓住了学科建设这个龙头，就抓住了院校业务建设的"纲"。通过抓"纲"，"纲举目张"，就能促进院校教学、科研、社会服务工作全面、快速、健康发展，形成办校的鲜明特色，保持院校建设的可持续发展后劲。

（2）对学科建设的认识要以战略家的眼光来审视，以战略家的头脑来思考，从战略家决策的高度来规划、谋划学科建设和发展。在看待和认识学科建设的战略性上，必须认识到学科建设是我国实施经济工作战略转型，坚持自主创新，振新教育事业的强大动力，必须坚持学科建设的核心作用和龙头地位不动摇，坚持近期建设与远期建设相结合，快速发展与可持续发展相结合，物质建设与精神建设相结合，环境建设与制度建设相结合。始终要坚定不移地抓住学科建设不放松，切实加强学科建设的力度，常抓不懈，直至抓出特色，抓出成效。使院校更好地履行培养人才、出高水平成果、为社会和经济建设提供优质服务的三大职能。

2. 长期性特征

学科建设是关系到院校长远发展的战略性建设，具有明显的长期性建设特征。一个学科的诞生、成长、发展并形成优势、特色，要经过一个相当长的建设时间。学科带头人需要培养、选拔、任用，学科的队伍需要组合、磨炼、磨合，学科的文化需要积淀，学科的优势需要积累、拓展，学科的方向需要确立和稳定。所以，对学科建设的规划、计划和建设都必须从长计议。一般以5—10年为一个建设周期，通过数个建设周期乃至几代人的不懈努力，不断地夯实学术、人才、条件等建设基础上才能见到成效。学科建设决不能靠一蹴而就、拔苗助长，切忌急于求成、急功近利。只有做好长远的规划，制定长远的目标和进行长远的建设，持之以恒，学科建设才能获得成功。

3. 系统性特征

学科建设是一项系统工程，涉及学科方向的确定，学科带头人的选拔、培养，学术梯队建设，支撑条件的建设，管理体制和机制创新等多个子系统的建设。对一所院校来讲，学科建设的工作涉及全校各个部门。学科建设工作的系统性，决定了在院校内的任何一个部门都不可能单独承担和完成学科建设的任务。对学科的建设必须牢固树立系统建设的思想，强化全校一盘棋的意识，在校党委的统一领导下，做好总体规划和顶层设计，精心组织、分工合作、分步实施。要做好各级、各部门的任务定位，各负其责、各尽其力，上下配合、左右协调、精诚团结、通力合作，全面系统建设。只有这样，学科建设的工作才能见到成效。

4. 动态性特征

学科建设过程是一个动态的、竞争的、优胜劣汰的过程。学科建设犹如逆水行舟，不进则退。没有永恒不变的优势、特色学科和重点学科，也没有永恒不变的劣势、非重点学科。对优势、特色、重点学科来讲，必须有忧患意识，居安思危。学科建设要时时自警，趋利避害，及时清除潜在的危机。

我们在学科建设中要增强学科建设的紧迫感和危机感。瞄准本学科的前沿，不断开拓创新，不断形成新的特色和优势。要根据社会、经济、科技发展和需求，及时调整学科的发展方向，使之始终处在先进的、适应社会和科技发展的位置。要做好"强基固本"的工作，抓好学科带头人、接班人和苗子的选拔和培养，加强学术梯队的建设，增强学科可持续发展能力。

学科建设的动态性还决定了学科建设必须遵循公平竞争、择优支持、滚动建设的原则。对学科实施分期分批滚动建设，优胜劣汰，成熟一批、进入一批，建设一批、验收一批，新增一批、淘汰一批，始终保持学科建设的竞争性、动态性、先进性。

5. 示范性特征

重点学科的建设具有重要的示范性作用。通过重点建设形成一批高质量、高水平的学科和学科群体，解决我国国民经济建设和重大科技问题，发展科技、文化、促进社会进步和培养高级专业人才。通过重点学科的领头作用，与相关学科进行交叉、融合、渗透，对学科的资源配置进行优化组合，带动相关学科的建设和发展。形成布局合理、知识覆盖面广、结构优良、充满活力的学科群体。学科的结构调整、优化组合，人才梯队的建设和培养，管理体制与运行机制的改革等都将对院校的整体建设起着示范性作用。并通过重点学科的示范和辐射作用，探索总结高等教育工作改革经验，推动院校业务工作的全面发展。

6. 层次性特征

根据学科建设的特点和管理的特点，学科建设具有明显的层次性，大体可以划分为国家层面、省市（部委）层面、院校层面、科室（教研室）层面四个层面。各个层面建设的目的一致，但建设的目标和管理的职能不尽相同。各个层次需要紧扣学科建设的目的，各司其职，做好自己的学科建设和管理的本质工作，又要通力合作，相互支撑，取长补短，协同发展。

（1）国家层面主要的建设目标应该是：建成世界一流学科、一流大学。打造为国家经济建设、国防建设、社会发展服务的协同创新的集团。提高我国的自主创新能力，增强科技为经济建设服务的能力。

国家层面的管理职能应该是：①根据国家经济建设、社会发展需要，制定国家学科建设的中、长远规划、计划，做好学科建设的顶层设计、优化组合、结构调整和总体布局。②制定发布学科建设的政策、规定和指导性文件，确定国家重点学科建设的管理体制和运行机制。③着眼全球学科建设的发展趋势，根据国家发展的需求，决定学科建设资金的投向、投量，集中人力、财力、物力，致力于优势重点学科的建设，重点支持基础较好或有重大发展潜力的优势学科，同时注重基础学科与应用学科的均衡发展，瞄准学科前沿进行布局，争取在主流领域达到国际前沿水平，在某些领域引领学科的发展方向。④组织实施重点学科的申报、审批、检查、验收工作和重点学科的宏观管理工作，打造与国家级重点学科相配套的服务平台，营造学科建设良好的运行环境。

（2）省市层面主要的建设目标应该是：建成世界一流学科、一流大学、国内一流大学，争取更多的学科进入国家重点学科建设行列。打造为地区经济建设服务的优势学科和协同创新集团。

省市层面的管理职能应该是：①根据国家和省市经济建设的需要，制定本地区、部门的学科建设规划、计划；对学科的布局、结构进行优化组合、结构调整。②根据国家学科建设的相关文件和管理要求，制定并细化适合省市的学科建设管理文件，对学科建设进行指导管理，协助国家有关部门，对学科建设计划落实情况实施监督管理、对建设项目进行检查验收。③在管理好本省市的国家级重点学科的基础上，拾遗补缺，根据地方经济需要，选定建设具有地方特色的重点学科，负责向国家推荐重点发展学科、培育和发掘有发展潜力的新兴学科、边缘学科、潜发展学科。④组织申报国家重点学科并对国家重点学科需要的环境建设、领军人物、人才队伍、运行平台进行配套建设，设置筹措配套经费使重点学科锦上添花，给薄弱学科雪中送炭，给潜发展学科浇水施肥。

（3）院校层面主要的建设目标应该是：建成一流大学，争取更多的学科进入世界一流学科、国家重点学科、省市重点学科的建设行列，打造彰显院校优势、特色的学科和学科群。

院校层面的管理职责是：①根据国家、省市学科建设的规划，结合本单位的实际，做好本单位的学科建设规划、计划。②根据学科建设发展的需要，做好学科结构的调整和优化组合，做好学科运行平台的配套建设。③培养和选拔学科带头人及其苗子，做好学科人才队伍的建设。④组织申报国家、省市重点学科，并根据学科发展的趋势和经济建设发展的需要发展新的学科。⑤充分利用学科的优势平台，增强履行职能的能力，进一步做好科技创新、人才培养、为社会服务的工作，提高学科建设的效率和效益。⑥以事业法人的身份，承担重点学科的建设、管理责任，协助学科带头人对列入国家、省市的重点学科实施监督管理、组织、协调的职能，确保各项建设项目能落在实处，经费的使用符合财务管理规定。

（4）科室层面主要建设目标应该是：建成在相同学科中优质、特色明显的领先学科，打造为教学、科研、社会服务的优质服务平台。

科室层面的管理职责是：①已经列入国家、省市重点学科建设的科室，要致力于全面完成学科建设的各个计划项目，确保出成果、出人才、出效益。②做好学科的教学、科研、成果转化工作，争取培养高质量人才和获取高水平科研成果；做好学科带头人苗子的选拔、培养，做好学科人才梯队建设。③做好制度建设工作，建立和完善各项规章制度，保证学科建设工作紧凑、有序、快速、健康发展。④加强对学科建设项目的管理，确保各项建设项目落在实处，并保质保量完成，确保建设经费的合理使用。⑤根据学科发展趋势，跟踪学科发展前沿，确立和调整学科发展方向，科学、合理安排和使用科室资源，保证研究方向明确、稳定，形成优势和特色。⑥没有列入重点学科的，要积极做好学科建设的各项工作，储备人才、选好方向、打好基础，积极做好申报重点学科的准备，以学科建设为抓手推动科室建设的全面发展。

（三）学科建设的作用

从学科建设的经验总结来看，学科建设对院校建设的巨大促进作用是无可替代，不容置疑的。作为一所院校来讲，渴望在学科的建设上取得辉煌的成就，做大做强学科，让更多的学科进入国家、省市（部委）重点学科的行列，有利于提升学校的声誉和综合办学实力，使院校的领导有为官一任、振兴一方的成就感和自豪感，使科技人员有实现自我价值的成就感和自豪感，从而产生巨大的推动力，推动院校建设的发展。从院校建设的现实需求上讲，学科建设可以起到以下作用。

1. 办特色院校的有效手段

办特色院校是教育部对院校建设的基本要求，也是院校追求的目标。办特色的院校必须有特色的学科支撑，特色的学科是办特色院校的基础和显著标志。一所院校尽管综合实力不是很强，但只要拥有几个特色学科，在学术上、技术上、人才梯队、支撑条件、科学研究、教书育人上独具特色，做到"人无我有"，其学术地位和办校优势，学校的声誉就会名声远扬，办校特色也会在几个重点特色学科的建设上凸显出来。而缺乏特色学科，则必然缺乏院校的办校特色，办校的风格就会显得平淡无味，缺乏办校的个性标志。

所以，学科建设是办特色院校的有效途径。如北京大学、清华大学、浙江大学等一批名牌大学的办校特色之一，就是通过学科建设后均拥有较为齐全而强大的学科门类，有利于培养创新型、复合型人才；有利于解决社会进步和经济发展中提出的带有综合性、复杂性、关键性的问题；也有利于通过学科的综合和交叉，形成新的学科增长点。

2. 增强院校的核心竞争力

学科建设是提高院校竞争力的根本保证。核心能力的概念主要指组织内集体学习的能力，尤其是关于如何协调不同的生产技能和整合多种技术的能力。

核心竞争力的实质是一种经历长期的历练，综合了技术、人才、管理、文化、理念等要素的综合能力，是企事业单位立于不败之地的出奇制胜的重要因素。院校的学科建设的工作，正好体现了核心竞争力的精髓，体现在综合建设、特色制胜上。在市场经济条件下，随着教育体制的改革和发展，外国学校的介入和民办学校的兴起，教育市场的竞争日趋激烈，院校要想生存和发展就必须以特色和优势取胜。特色、优势学科是形成院校核心竞争力，并在竞争中立于不败之地的看家法宝，加强特色、优势学科建设是提高院校核心竞争力的根本保证。

（1）有利于借助外力加速发展。有了特色、优势学科就有可能列入国家或省部级重点学科的行业，如"211工程"建设行列，获得国家、地方政府的财政支持和政策倾斜，起到锦上添花、滚雪球样的放大效应，使院校建设步入良性循环、快速发展的轨道。院校实力强了，竞争力必然就更强。

（2）利于优秀人才的汇聚。一流大学、一流学科运行的主体是高层次人才。有了特色的学科，必然有了出色的学科带头人和一支能征善战的师资队伍。大师的感召力和整体高学术水平团队的吸引力，必然吸引外界优秀人才加盟。优秀人才的汇集，必然使院校拥有无与伦比的师资队伍，一流的师资必然会培养出一流的学生，研究一流的成果并为社会经济提供一流的服务，院校的竞争力必然十分强劲。

（3）有利于招收高质量学生。培养出优质的精英人才是世界一流学科、一流院校的重要标志，而优质的生源是培养优质精英人才的基础。优质生源的流向、流量取决于院校的声誉和知名度。而特色学科的建设，有利于打造特色院校的品牌、扩大院校的声誉、提高院校的知名度，这无疑会对社会产生巨大的影响，确保招到优秀的学生，确保教学的质量和学生的培养质量。从而培养出高水平的精英人才，而精英人才的名声，又将进一步扩大学校的影响力，使其进入良性循环的发展轨道，使其在生源质量竞争上始终处于优势地位。

（4）有利于承担国家重大研究项目。特色优势学科体现了在这一学科领域的学术领先水平，是国家投入巨资打造的科研、教学、社会服务的优质平台，在承担国家重大项目如"863 计划""973 计划"等项目和基金申请上具有强有力的竞争性。而重大项目的承担和基金的注入，又必然提高学科的水平和极大地促进学科的建设，使其在学科前沿，从事理论创新和技术创新工作，使学科处在世界领先水平的行列。建设特色优势学科有利于承担国家重大研究项目是顺理成章、不容置疑的。

（四）学科建设的意义

1. 增强国家的自主创新能力

学科建设的意义十分深远重大。学科的本质是知识，知识技术的创新关系到国家的创新能力和发展能力。所以，学科建设是一项关系国家强盛、经济发展、科技教育振兴的战略性工作，涉及国家的自主创新能力、核心竞争能力和可持续发展能力的强弱，涉及我国经济建设的战略转型是否顺利完成，关键核心技术是否能掌控在自己手里，也涉及我国的科技教育事业是否能够屹立在世界强国之林。

2. 培育闻名世界的知名院校

学科建设也是建成世界知名院校、一流学科的根本途径，是院校业务建设总的抓手。只有紧紧地抓住学科建设这个龙头工作，学校的整体建设工作才能腾飞。这个发展的经验已经得到国外知名院校和一流学科成功的证实，也在我国管理、教育、科技界得到共识。只有培育出一流的学科，才能孕育出一流的大师，打造出世界知名的院校。

3. 打造具有优势的服务平台

学科建设有利于院校打造强势优势的服务平台。高等院校的本职任务是培养人才，中心工作是教学，同时肩负出高水平成果和社会服务的职能。从更好履行院校肩负的职能角度讲，院校自身的建设和发展水平与肩负的职能息息相关。一流的院校才能培养一流的人才、出一流的科技成果和为经济建设和社会发展提供一流的服务。只有将院校自身的建设做强、做好，才能更好地担负起教学、科研、社会服务三大任务。

4. 促进学科建设的快速发展

学科建设的工作，也是学科自身建设和发展的根本途径。学科的建设囊括了科室建设所有要素。抓学科建设工作有利于提高科室的整体建设能力，也有利于打破科室和单位壁垒，从学科的角度实现学科的结构调整，交叉融合，优化组合，形成相互支撑，优势互补，协同创新的优势学科群，这对于加速学科的健康快速发展，增强学科的创新能力，提高学科的竞争力都具有十分重大的意义。

第二节　学科建设带头人的培养体系

"学科带头人"这个词在学科建设中经常出现，并占有重要的地位，这是随着学科建设发展而产生的一个具有中国特色的新的名词。迄今为止，国内对学科带头人的定义解释有很多，但意思相近。一提到"学科带头人"这个词，大家都能理解和明白所指，但在定义上却没有一个统一的定论。学科带头人既不是一种职称，也不是一种职位，而是一种大家公认的高于职称和职位的一种受人羡慕和尊重的学术头衔。

学科带头人这个词从字面解释，学科的实质是知识，带头人就是领路人，所以，学科带头人就是立于一门学科知识前沿的弄潮儿、佼佼者和领头羊，是探索学科前沿，带领学科发展的领军人物。这里边至少包含有两个根本要素：一是在这门学科中带头人自身的学术造诣高，研究能力强，研究成果多，在学术界具有崇高的学术威望，是大家公认的学术权威；二是学科带头人具有很强的组织管理能力，能够立足前沿，组织力量从事本学科的探索创新研究，积淀和传承学科知识，培养学科人才，促进学科的建设和发展。

据此，本书把学科带头人定义为：学科带头人是指在某一学科门类建设中具有较强研究能力，坚实的专业理论基础，宽厚的业务知识，高尚的道德情操和对事业执着追求的献身精神，严谨正派的工作作风和学风；对本学科的研究和发展做出重大贡献，其学术水平处于国内外同类学科领先地位，能牢牢把握本学科的最新发展前沿，开拓创新，具有较高凝聚力，较强组织管理能力，较强的沟通协调能力，能够带领、指导、团结和组织有关人员开展这一学术门类的学术研究，并取得研究成果，促进学科传承和发展的专家教授。

对学科带头人的定义是如此全面，标准是如此高，这是理想化的学科带头人概念，但在实际的操作过程中，各单位、部门对学科带头人的选拔标准是相对的、变化的，是没有一个绝对的标准的。不同的单位、部门在学科带头人的选拔上可以根据单位的实际情况酌情把握，择优选拔。但两个基本的要素不可缺少：一是自身学术水平高；二是管理组织能力强。缺乏这两个基本素质的人则不宜被选拔为学科带头人。

一、培养学科建设带头人的作用

目前，综合国力的竞争已经成为科技实力的竞争，而科技实力的竞争实质上表现为科技人才的竞争。科技人才是构成生产力的第一要素。同样科技人才也是学科建设和发展的第一要素，在学科人才队伍中又以顶尖的领军人物最为重要，学科间的竞争在一定程度上表现为学科带头人之间的竞争，学科带头人在学科建设中起着举足轻重的作用。

（一）学科带头人的决定性作用

学科建设应坚持以人为本的思想，学科建设的水平在很大程度上是由人才的水平和队伍的整体水平所决定的，而在人才队伍中又以学科带头人的水平起着决定性的作用。选拔、培养和任用一个出类拔萃的高素质、高水平的学科带头人是学科建设的基本要求，是学科建设成败的关键。

（二）学科带头人的领军作用

一个学科的学术梯队必须有强有力的领军人物。领军人物是学科建设中一面高高飘扬的大旗。旗帜树立后，招兵买马，升帐点将，才能聚集各路人马，吸引各方志士和人才投入领军人物的麾下，组成结构严密、实力强大的学科人才队伍。由此可见，领军人物在学科建设中，具有强劲的号召力和吸引力。领军人物是学科的核心，有了领军人物，才会有学科人才队伍；缺乏领军人物，学科就没有建设的基础，也就没有建设的价值。

（三）学科带头人的影响作用

由于领军人物是学科中的杰出人才，在学术界和政界往往具有较大的影响力和感召力，在学科建设中可以充分发挥名人效应。如参与国家科技发展规划的制定，各种招标指南的制定，各项重大科研项目的确立，如国家"863计划""973计划"项目的确立；参加国家、部委重大项目的评审，重大科技成果的鉴定、评审；在各类学术团体中担任重要的学术任职等；使学科在学术界占有一席之地。上述的影响力，可以为学科的建设创造较好的内外环境，特别是生存和发展的外环境。

如学科带头人学术水平高，权威性强，就可以先声夺人，保证优先承担在该学科领域中的国家、省市部委的重大研究任务，从而保证研究项目和研究经费源源不断地投入学科；保证博士、硕士的授权点获得批准，从而不断地吸引优秀人才加盟队伍；保证优先获得国家机关、地方政府及本校领导、机关的特殊关怀和重视，从而获得政策上的倾斜和人才、物质上的巨大投入，并成为院校建设中的"特区"。这种特殊的影响力，为学科出人才、出成果、出效益奠定坚实的基础，使学科产生"滚雪球"样效应，跨入良性循环发展的轨道。这对于保持学科的可持续发展能力，也起到了极大的作用。

（四）学科带头人的凝聚作用

学科带头人在学科建设中起着核心作用和凝聚作用。学科带头人以其学术上的造诣和人格的魅力对学科人才梯队起着较大的凝聚作用。其凝聚作用主要体现在两个方面。

第一，对外界的优秀人才起着吸引的作用，能把国内乃至世界范围内的优秀人才、科技精英吸引到自己的学科中工作，起到"人才聚集效应"的作用。人才队伍不断地得到充实、更新、补充，使学科的知识结构、人才结构、建设风格得到互补。防止出现学科知识老化、缺乏活力、风格单一的结果，而要形成活力四射的人才队伍建设的格局。

第二，对内部人才的凝聚作用。学科带头人的这种内部的凝聚作用，犹如一个家庭的家长，是家庭中的主心骨，对整个家庭的基本生存起着基本保障作用，如维持家庭的稳定、培养家庭子女、协调家庭矛盾等。学科带头人，通常也是行政科室（教研室）的负责人，在学科建设一线履行着具体的组织、协调工作，对学科建设起着举足轻重的作用。一个学术造诣深、品行端正、深受拥戴的学科带头人具有强大的凝聚力，一定会带出一支能征善战的学术队伍；反之，学科带头人如果缺乏凝聚力，学科人才队伍建设就会毫无生气和战斗力，学科建设就会失败。

二、学科带头人的基本素质培养

（一）政治素质

政治素质是指政治主体在政治社会化的过程中所获得的对他的政治心理和政治行为发生长期稳定的内在作用的基本品质，是社会的政治理想、政治信念、政治态度和政治立场在人的心理中形成的并通过言行表现出来的内在品质。它是人们从事社会政治活动所必需的基本条件和基本品质，是个人的政治方向、政治立场、政治观念、政治态度、政治信仰、政治技能的综合表现。

学科带头人必须具备较高的政治素质，德才兼备。作为学科带头人要遵守国家的法律、法规，单位的各项规章制度，树立正确的人生观和价值观。正确对待个人与组织、待遇与奉献的关系，求真务实，兢兢业业，勇于吃苦，乐于奉献。

（二）业务素质

从事业务研究的人员在完成业务活动的过程中所具备的综合能力体现，通常包括主观心理特征、专业业务技巧等。学科带头人是学科建设的"领头羊"，是学科人才中的帅才，科研队伍中的泰斗。首先，学科带头人必须是该门学科领域内对该学科的建设和发展有重大贡献、其学术能力处在国际或国内领先水平的佼佼者，他不仅知识渊博，业务精通，技术精湛，科研能力强，具有较全面的综合性知识结构和较强的开拓创新能力，而且具有对学科发展前沿、发展趋势的敏锐的观察能力和科学决策能力。其次，他必须善于紧扣现代科技发展的脉搏，捕捉最新的科技发展信息，掌握本学科的研究动向，能够抓住机遇，顺时而动，因机而发，乘势而上，先人一步，超人一招，胜人一筹。最后，他必须善于提出和解决新的科学问题，能够组织协作攻关，并能使研究成果及时转化成为现实生产力。

（三）科学素质

科学素质是指当代人在社会生活中参与科学活动的基本条件，包括掌握科学知识的多少、理解科学思想的深浅、运用科学方法的生熟、拥有科学精神的浓淡、解决科学问题能力的大小。综合表现为学习科学的欲望、尊重科学的态度、探索科学的行为和创新科学的成效。

学科带头人必须具备良好的科学素养，敢于冲破思维定式的禁锢，逾越思维惰性的界线，摆脱骄傲自满的羁绊。实事求是、尊重科学，不弄虚作假、不虚浮、扎扎实实、认认真真开展科学研究工作，厚积薄发。在科学探索过程中做到不唯上、不盲从、不武断、不附和，只唯真、只为追求科学的真谛。要具有坚忍不拔的毅力和不畏失败、不畏艰险的坚强意志，胜不骄、败不馁，勇于探索，勤于实践。

（四）品德修养

学科带头人必须具备良好的品德修养。学科带头人必须有良好的品德、胸襟开阔、气度宏大、严于律己、宽容待人；具有合作共事的团队精神，能团结各方人员，综合各方力量，分工合作，协调发展，形成合力；能够倡导民主的工作作风和学术风气；能听得进别人的意见、容许别人在学术上提出新的见解. 甚至是推翻自己所创理论或反对自己学术观点的见解。要甘当人梯，乐于和勤于培养年轻人。不能嫉贤妒能，害怕别人超过自己。不能把别人的成果统统占为己有。在处理内部纠纷上，必须公平公正、不存有偏心和私心。

（五）管理素质

学科带头人必须具备较强的组织协调能力和社会活动能力。学科的建设是开放式的而非封闭式的，学科带头人不仅是一个学术造诣深的科学家，而且必须是一个称职的社会活动家。既善于做好内部的组织管理工作，又善于做好外部环境的建设工作。善于与外界沟通，进行广泛的学术和社会交流。善于从外界吸取各类养分，包括信息、知识、技术等，在学术界占有一席之地。利用一切能够利用的外部力量和条件为我服务，善于营造良好的内外部工作、学习、生活环境，促进学科建设快速发展。

（六）领军素质

领军人物，是各行各业中具有崇高的价值追求、出类拔萃的素养、卓越的领导才能，能在复杂的环境中取得巨大成就，享有较高行业美誉度的成功人士。一般而言，领军人物要在敬业态度、工作能力、身体状况、反应能力、求知欲望、集体感、创新观念、道德品质等方面具备条件。领军人物是个人魅力与整体素质的整合。世界著名的社会学家丹尼尔·戈尔曼根据情商理论提出的有关领袖人物基本素质的新观点，与领军人物学科带头人的领军素质颇有相同之处，值得借鉴。

1. 自我意识

（1）情绪意识领袖应触及自己内心深处的感情并对感情如何影响自己的成就作出评估。

（2）自我评价领袖应了解自己的长处和弱点，善于嘲笑自己和自我批评。

（3）自信具有依靠自己的长处来解决问题的能力，有参与感和安全感。

2. 自我管理

（1）自制有疏导自己感情的能力。

（2）透明坦率地表达自己的思想、感情和信仰，使领袖具有威信和感召力。

（3）适应性领袖应有能力面对各种各样的局面，同时保持专心致志、热情和行动的连贯性。

（4）雄心壮志、雄心勃勃使领袖具有更高的目标并努力去实现这些目标的能力。

（5）主动领袖不等待机会的来临，他应先于其他任何人寻找机会并作出决策。

（6）乐观领袖的重要作用之一是在他的班子中营造积极乐观的气氛。

3. 社会意识

（1）深入领袖有能力通过其他人表现出来的迹象来了解其他人的感情。

（2）组织意识领袖在他的班子中如鱼得水，他善于检查人们形成的网络秩序，使每个人处于他应有的等级位置上。

（3）服务领袖尽管处于指挥的位置上，但是他不应忘记他的作用是提供一种服务、一种产品、一种思想……班子运转得如何取决于他。

（七）综合素质

随着科技的发展和改革的深入，时代的进步和学科发展的需求对学科带头人的基本素质要求越来越高，选拔标准越来越严，几乎接近苛刻程度。但全面优秀接近完美的人在现实生活中是不存在的。但对学科带头人的选拔必须注重全面素质和综合工作能力的考查，根据学科建设的不同层次、不同级别、不同要求等选拔学科带头人。要以其学术的造诣和水平为基础，全面考查学科带头人的道德品质、科研思维能力、敏锐的观察能力、科学的决策能力、开拓创新的能力、科研的动手能力，组织管理及决策能力、广泛的学术交流和社会交往活动能力等。以上几种能力是一个称职的学科带头人必须具备的基本能力。虽然能力有大有小，但缺一不可。自身学术水平不高，则难以服众，且在学术界永无出头之日；缺乏敏锐的观察能力和科学的决策能力，就不能走创新之路，也不能正确确立本学科主攻方向和快速发展的道路；缺乏组织管理及决策能力，则科室如一盘散沙，内耗严重，就算自己学术水平很高，也是孤掌难鸣，形成不了学科的整体优势；缺乏社会活动能力，闭门造车，信息不畅，孤军作战、势单力薄，也做不成大事。

三、学科带头人产生的主要方法

学科带头人的产生途径，从来源上讲主要有两条：一是立足自身培养，从内部产生；二是对外广纳贤才，招聘引进。

（一）自身培养

立足自身培养应该是院校产生学科带头人的主要方式。院校是培养人才的基地，是各路、各类优秀人才集聚的高地，培养人才是院校的基本职责，高端的、创新型人才应该发源于学校，特别是国家重点建设院校。对一所院校来讲，人才的流动和引进是必要的，但一所院校如果建校数年不能培养和向国家输送出拔尖的人才，不能培养出优秀的学科带头人，只有引进，没有输出，这本身就是不对的，值得我们深刻地检讨和反思。对一般普通高校来讲，因为本身的条件和工作环境、待遇有限，很难引进一流的学科带头人，基本上是立足自身培养。

第一，选好苗子。首先必须按照学科带头人的选拔标准，选好学科带头人苗子，并给予充分的信任，精心扶植和培养。在政策上给予倾斜，在人力、物力、财力上予以重点投入和保障；在工作上简政放权，大力支持，责、权、利一致；在生活上予以关心、关爱，解决带头人的后顾之忧，使其能集中精力，全身心地投入工作中。

第二，加强培养。在立足培养学科带头人问题上，反对始终关注外聘、外引人才的片面做法上，要强化立足自身培养的意识，脚踏实地、扎扎实实地做好学科带头人的选拔和培养工作。培养人才不能不提供生成的土壤、融合的载体，要提供让人才创业有机会、构筑发展平台、拓展发展空间，才能让人才在单位起到支持、支撑、支柱作用。

第三，从长计议。培养人才绝不是一朝一夕的工作，必须从长计议、科学安排，要克服心浮气躁，急于求成的思想，促使人才培养的体系发展。

（二）人才引进

开放校门，广纳贤才，引进高层次、高水平的学科带头人，是一条加强学科建设，实现跨越式发展的捷径。因为经验和实践告诉我们，一个高水平的学科带头人一旦引进，一个学科就会很快崛起。一批有能力的学科带头人的引进，则可以起到"鲇鱼效应"，激活一个单位的活力。

1. 引进海外人才

（1）引进海外人才的时机成熟。将引进人才的目标点聚焦在海外学子群体上。随着国门的打开，海外学子逐年增多，许多人天资聪慧，基础扎实，在国内已经具有良好的理论和技能功底，再到国外相应学科与世界级的顶尖高手共同工作一段时间后，对国外学科建设、实验室建设、科学研究等工作，先进管理的工作程序，科研思路和创新理念，耳濡目染比较熟悉。不少人在海外已获得事业成功，在学术上已有成就，小有名气，已经拥有在国外的实验室，当上了实验室的"小老板"。

（2）引进海外人才的方式多样化。培养和造就创新人才，必须用创新的思路和机制。采取多种优惠政策吸引人才，如荣誉称号、经费支持、政策支持、加强联系服务等方面给予特别支持，建立起科学公正的遴选机制，确保人才引进计划施行效果和公信力。此外，还要讲究引进人才的质量和引进方式。引进海外人才主要有以下方式。

第一，完全引进模式。这种引进模式的特点是：海外学者完全回国，长期固定在国内开展研究工作和学科建设工作。

第二，"哑铃"模式。这种方式的特点是：不是完全的引进，而是一头在国内，一头在国外，半年在国内工作，半年在国外工作的两头有点的工作模式，引进的这一类学科带头人通常在国外已经有自己的实验室，完全脱离国外回国工作的可能性不大。对这类杰出人才的引进应灵活处置。

第三，"候鸟"模式。这是一种类似"哑铃"模式的一种人才引进模式，在人才的工作地点和时间上具有更大的灵活性。"候鸟型"人才，也是主张采用"不求所有，为我所用"的原则，免去完全引进的档案、户口、家属子女安排等烦琐的程序，同时辅以高待遇，为自己挖来国内外一流人才加盟。本质上是一种智力流动的方式。也是属于两边有点，难以割舍的情况。让人才像候鸟一样，两地迁徙，自由飞翔，季节性地在国内、国外工作一段时间。

2. 引进国内人才

在全国范围招聘和引进学科带头人或学术带头人，方式也有两种：一是跨单位调动引进；二是"候鸟"模式或聘任为兼职教授或客座教授、授予名誉所长、中心主任等。

跨单位调动的方式比较有利于学科的建设和发展，有利于组织实施实质性的学科建设工作，引进的学科带头人是名副其实的学科带头人。而"候鸟型"、兼职、客座教授，不能成为实质性的学科带头人，只能是名誉性的带头人，是在无法实质性引进的情况下，采取的一种折中方式，但利用其影响力及部分工作也能促进学科发展。两种方式对学科的建设均有利，只是力度有所差异而已。招聘人才的方式，许多单位都是采取在报纸等媒体上发布招聘广告、公告、公开招聘启事等，公开招聘急需的人才。招聘广告主要包括以下七个方面的内容：一是引言，说明为什么招聘，根据什么文件要求进行招聘。二是申报招聘的对象，包括专业领域等。三是申报条件，包括学历、学位、专业、年龄、海外学习工作经历、职位、职称、任职时间、专业学术水平、取得的成果等级、论文、论著，是否是专家、学者或学科带头人。四是单位招聘后能提供的条件，包括户籍、住房、开展工作的条件如实验室、研究经费等。五是申报的起始时间、申报的办法和申报的程序。六是解释权限。七是招聘的单位落款。

一般的招聘的程序主要包括：个人简历的投送，用人单位组织面试、答辩、能力测试、试用、正式录用等。面试基本上是采取个人述职、专家提问、技能考核、综合评定、择优录用的程序进行。

第三节　学科建设的组织与管理解读

一、学科建设组织与管理的现实意义

（一）为学科建设提供有力的组织保障

学科建设是一项长期性的工作，必须建立明确的、系统的、严密的组织机构作为学科建设和运行的保障。组织机构不明确、不健全，学科的建设和管理就会缺乏落脚点，就会出现无人管理或多头管理的情况，出现均为单项建设而缺乏系统建设的情况，就会削弱对学科建设的管理力度，影响学科建设工作的开展。所以，学科建设必须解决好学科的组织机构的建立和完善问题。

（二）有利于理顺学科建设的管理体系

把学科建设作为院校业务建设的"龙头"是一个比较新的举措。由于历史原因，在院校的机构设置中没有设立专门的学科建设管理机构。学科建设归口管理的问题一直悬而未决，比较混乱。有的院校把学科建设管理工作放在教务部门，有的院校则放在科研部门。管理体制不顺、管理职责不清、管理渠道不畅、管理网络不全，这些都不利于组织开展学科建设工作和管理工作。

近年来，随着研究生教育的扩大和深入，有研究生院的院校设立了学位培养处，没有研究生院的院校设有学位管理办公室。一些院校将学科建设管理工作放到了学位管理处（办），从学科学位点建设的角度进行管理，这种管理关系相对来讲比较顺畅，但仍然存在局限性，因为学位点的建设的出发点与学科建设的出发点有显著差别。此外，从学位培养处的管理职权范围来讲，是远远不能覆盖学科建设的所有内容的。

所以，只有进一步建立健全学科建设的组织管理机构，建立管理网络，理顺管理关系，明确管理职责，保持信息上传下达渠道通畅，才能加强学科建设的管理，保证各项工作能落在实处。

（三）有助于加快学科建设工作的发展

建立和完善学科组织机构，建立科学有效的运行机制，可以充分发挥管理的效能的作用，促进学科的发展。在相同的条件下，在相同的投资过程中，通过有效的管理，走内涵建设发展的道路，优化资源配置，可以提高建设工作的效率和效益，使有限的经费发挥最大的作用。对条件优越的院校，通过科学的管理，提高建设效果，起到"锦上添花"的作用；对条件相对薄弱的院校，通过有效的管理，起到弥补不足和加速发展的作用。

二、学科建设的组织与管理工作内容

学科建设的组织与管理工作非常重要，不同的层次所抓的工作重点有所不同。在国家层面主要是制定学科建设的发展战略，做好学科建设的顶层设计和政策、方针的制定，从宏观上把握学科建设的大局，各省市、部委也有自己的工作要点。学科建设的组织与管理不论在哪一层面，最终的落脚点都会落在院校的层面，院校是学科建设的基础，是学科建设者管理和研讨的重点。围绕院校层面的学科建设，要做好以下的组织与管理工作。

（一）确立学科建设的龙头地位

重视学科建设的工作，确立学科建设在院校业务建设工作中的龙头地位，是做好学科建设的重要基础和重要前提。

首先，领导重视是做好学科建设的关键。领导特别是党、政一把手必须明白抓好学科建设对院校业务建设的主导作用和推进作用。要明白抓学科建设是促进院校业务建设快速、健康、全面发展的最佳途径。党、政一把手必须亲自组织，把学科建设工作摆在学院业务建设和党委工作的议事日程中，作为重要议题，经常议、反复议、议深、议透。对学科建设的工作要亲自抓、重点抓、反复抓，直到抓出成效。要在全校各种场合，大力宣讲学科建设的重要性、必要性、紧迫性。探讨做好学科建设的方法、途径、措施，营造浓厚的抓学科建设的氛围，使全校各级人员在确立学科建设的龙头地位上统一认识，使大家都明白学科建设对促进院校快速、健康发展的巨大推进作用和重要意义，做到人人皆知，激发大家的工作热情，增加对学科建设工作的责任感，提高大家的工作积极性、主动性和创造性，把实现学科建设的目标和任务变成各级人员自觉的行动，从而确保学科建设的各项工作落到实处。

（二）做好学科建设工作的定位

1. 做好院校发展总目标的定位

抓学科建设的工作定位，必须首先抓好院校发展总目标的定位。院校要做好规划，在五年计划乃至更长的时间，学校的总体发展水平和发展实力要达到什么目标。在这个总体发展目标的要求下，制定学科建设的发展目标。因为学科建设必须服从于、服务于院校建设和发展总目标，学科建设的目标必须在院校发展总目标的基础上实施。

2. 合理运用学科建设指导思想

学科建设的指导思想是学科建设的纲。各个院校学科建设的情况不同，制定的指导思想也会有所不同，但确定学科建设指导思想的程序不能省。它是规范、指导各学院学科建设的总方针、总原则，如果没有确立适合自身院校学科建设和发展的科学的、明确的指导思想，学科建设的工作就会迷失方向，就会没有头绪，建设工作的效率就会低下，就会走弯路、绕圈子、事倍功半。

学科建设的指导思想因院校不同而具备个性，但按学科建设的规律，不论何种院校又有其共同的特性。其共性的内容主要表现在部分提法基本相同，如："以学科建设为龙头，以人才队伍建设为核心，以科学研究为动力，以支撑条件建设为基础，以制度建设为保障。"这些学科建设共性的指导思想，是在学科建设长期的工作实践中提炼出并经过实践检验是正确的经验的结晶，对院校学科建设有着普遍的指导意义，值得各院校学习借鉴。

3. 做好学科发展的基本定位

（1）做好各学科发展的目标定位。各学院要根据实际，广泛调研，做好论证，对学科建设的层次进行准确的、科学的定位，如做好第一层次即国家重点学科及国家级重点学科苗子的定位，什么学科、哪几个学科具备建设条件和入围条件，用多长时间，采取哪些措施能达到预期的建设目标等；以此类推，确立第二层次即省、部级层次；第三层次，即校级重点学科层次的发展目标。

（2）做好学科群各学科角色定位。对优化组合的学科群，由于是多个学科的组合，必须做好各学科的角色定位。如谁是主角、谁是配角、谁是元帅、谁是将军、谁是先锋等。明确各自的职责，做好统一规划，确定学科研究内容和研究方向。学科群的角色定位，必须以起牵头作用的符合学科分类标准要求的主干学科为主角，其余相邻学科为配角。主干学科在学科建设中起主导作用，负责学科建设的总体规划和计划，主持学科群建设和发展的组织、协调工作。其余参与的相邻学科起配角作用，必须服从于、服务于主干学科的建设需要。特别是在学科的研究内容和方向上，要从本学科的专业入手，围绕主干学科方向确立研究内容，设置研究课题，形成研究合力。切不可喧宾夺主，各行其是，甚至角色倒置。

（3）做好学科的主攻方向定位。重点学科确立后还必须确立明确的学科主攻方向，特别是对学科群的建设来讲，主干学科应有明确的主攻方向定位，各相邻学科应根据主干学科的主攻方向定出自己的学科主攻方向，使学科群的研究方向相互联系，相互补充，形成一个有机的整体和与学科主攻方向一致的合力，并尽快形成主攻方向的特色和优势，从而形成学科的优势和特色。

（三）厘清学科建设和发展思路

厘清学科建设和发展的思路，是学科建设重要的基础性工作之一。思路清、方向明、决策准，建设工作才会井然有序，才能较好地达到预期的建设目标，在多个方面取得突破性进展。

各院校必须认识到厘清学科建设思路、提高学科建设管理、决策水平的重要意义。根据自身院校的实际，在确立建设目标的同时，厘清学科建设和发展的基本思路，找准学科建设工作的着力点和契入点，明确工作的线路，制定有效的措施，采取有效的方法，有目的地、有针对性地、有条不紊地开展学科建设的各项工作，提高学科建设工作的效率和效益。厘清学科建设的发展思路必须坚持实事求是、因地制宜的原则、以加快建设、切实可行、协调发展为标准。

（四）制订学科建设的工作规划

学科建设是院校的一项长远的、基础的、战略性的建设。必须制订出学科建设长远的发展规划。通常以 5—10 年为一个建设周期，规划主要包括明确的奋斗目标厘指导思想厘组织机构厘运行机制厘具体措施等，使大家在学科建设工作中目标明确、心中有数。院校不论规模大小、层次高低都应该制订出本单位的学科建设规划。

第四节　多维度视角下学科文化建设

所谓学科文化是指各学科在教学、科研、社会服务、生活娱乐等实践活动中共同创造的相对校园文化而形成的独立的文化形式，它集中体现了学科建设的建设方针、建设理念、建设风格、建设品位，专业特色、独特的人文精神和浓厚的文化氛围。对这种学科独立的文化形式进行建设，就是学科文化建设。学科文化既包含校园文化的精髓，又有单一学科独特的文化特性，二者是统一的，校园文化孕育学科文化，学科文化促进和体现了校园文化，二者是相互促进，相得益彰，密不可分的。

学科文化建设突出以人为本的观念，强调培养人的科学素养、创新精神和人文精神，以及三者的有机结合。全力打造大家共同遵守的行为准则和道德规范，树立正确的世界观和价值观，增强学科的凝聚力。从管理的角度讲，学科文化建设的目的是为了创造一个实现学科总体建设目标的优良环境和良好的氛围。

通过文化建设产生强烈的召示、感染、同化、激励和规范作用，使人们在特定环境熏陶中相互感染、相互模仿、相互学习、相互制约，形成统一规范的思想观念、道德品质和言行举止，起到统一思想、理顺情绪，凝聚人心、振奋精神的作用，使教职员工产生强烈的归属感、荣誉感、优越感和责任感，激发大家的创造性和工作的主动性，使其以主人翁的身份关心学科、爱护学科，与学科同舟共济、荣辱与共。

学科文化建设是一个与时俱进的动态过程，文化建设的内容在不断地超越和更新。学科文化建设与校园文化建设和社会文化建设密切相关，相互辐射，相互影响，先进的学科文化需要随着时代和社会的发展不断增添新的内涵，切实保证学科文化建设的先进性、适用性和有效性。

一、学科文化建设的现实意义

文化建设是近年来讨论的热门话题，这是因为改革开放 40 多年以来，在市场经济的条件下，在政治多极化、经济全球化、科学高新化、管理民主化、生活数字化、文化多元化的世界大背景下，人们的思想观念、利益格局、行为方式、人际关系都产生了极大的变化。人们头脑中原有的人生观、价值观、道德标准也在悄然发生变化。

一方面，部分人缺乏精神依托，缺乏正确的人生观和价值观，缺乏共同遵守的道德标准、缺乏基本信念和行为准则。虽然知识水平提高了，生活条件改善了，但是道德意识淡薄了。另一方面，社会的进步，人们文化水平的提高，物质生活的改善和精神文明的建设等，又促使人们对文化环境、精神生活追求较高的品位。人除有较高的技能外，还必须有较高的文化品德和人文素质。此外，随着社会的进步，出现科学社会化，社会科学化的发展趋势。追求科学精神与人文精神的结合，强调人的创造力、智力水平与德行的完美统一，提高人的全面素质，是现代社会进步发展的一个重要特征。

在这种背景情况下，人文精神逐步深入各行各业，文化建设也就逐步热了起来。社会有社会文化，企业有企业文化，校园有校园文化，学科文化即是校园文化，也是科室文化，院校是社会文化建设的一个基本的建设单元，科室作为校园文化建设的一个分支，也必须有自己的独有的文化，有自己共同遵守的价值标准、基本信念和行为准则，相对校园文化来讲学科文化建设可能更偏重科室文化。

近年来，随着科技的进步和社会的发展，学科建设进入了一个崭新的发展阶段。学科人员的知识结构、学科的物质条件明显改善，学科的学术水平显著提高，但学科的文化建设却没有跟上时代发展的步伐，显得十分薄弱。学科文化底蕴浅薄、人文素质低下的问题比较突出，在一定程度上已经成为学科建设和发展的瓶颈。目前最重要、最紧迫、最亟须解决的问题之一就是加强学科的文化建设。

此外，学科文化建设也与学科担负的职能相关。在当今社会，教学、科研、社会服务中都充满了人文的成分，试想，如果学科中的教职员工本身缺乏文化素养，没有较深的文化底蕴，那么学生的人文知识和人文精神将从何而来。所以，文化建设是学科建设的一个重要的组成部分，是学科建设的思想基础和文化基础，是学科建设的精神依托和精神支柱。加强学科文化建设，对于增强学科建设的发展动力，提供学科人才的精神食粮，促进学科的建设和发展具有十分重要的意义。

二、学科文化建设遵循的原则

第一，符合时代先进文化主流原则。符合社会发展和时代发展的文化主流，反映时代精神，顺应先进文化的发展方向，汲取古今中外有益的科学文化和人文文化，有利于培育和弘扬民族精神、创新精神和人文精神。

第二，有利于促进学科建设原则。人无精神不立，科无精神不兴。围绕学科建设的目标，培育和弘扬创新精神、团队精神、协作精神、奉献精神。创新精神和团队精神是学科发展的灵魂，是学科文化建设的精髓。学科文化建设内容必须有利于学科的建设和发展，有利于增强学科人才队伍的凝聚力和战斗力，有利于学科的管理和运行，有利于营造学科生存和发展的良好的内部、外部环境，如鼓励创新、宽容失败、为人师表、教书育人、乐于奉献、淡泊名利等，在学科内部形成良好的学术风气、教学风气、育人风气。

第三，有利于形成学科鲜明的特色原则。学科的文化建设要因地制宜、形式多样、品位高尚、成效明显、个性鲜明，要与学科的学术特色形成互补，相映生辉，相得益彰，形成以学术特色为主、文化特色为辅的综合性的学科特色。

第四，系统建设原则。学科文化建设内涵丰富，内容较多，主要包括精神文化建设、制度文化建设、行为文化建设、环境文化建设四个部分，彼此相互联系，相互依托，相互影响。学科文化的建设必须有系统建设的思想，科学规划、统筹安排、系统建设，形成一个完整的、运行顺畅的学科文化建设体系，保障学科系统建设的顺利进行，提高学科建设的整体效率和效益。

三、学科文化建设的主要功能

学科文化建设如同企业文化、校园文化一样具有一些基本的功能。其功能主要包括导向功能、约束功能、凝聚功能、融合功能和辐射功能。

（一）导向功能

导向功能是学科文化建设的一个重要功能。学科文化建设最重要的目的是规范大家的行为准则，通过学科文化建设的导向功能，旗帜鲜明地弘扬正气，弘扬创新精神、团队精神，大力倡导先进的文化思想，使大家了解并遵守科学的道德和行为准则。通过学科文化建设的正确导向，提高教职员工判断是非、好坏、善恶的能力。通过学科文化建设的正确导向，规范学科人才的价值取向，使教职员工在新的时代背景和社会背景中明白做人的真谛，学会做人，筑牢工作、学习、生活的基础；学会做事，能够实现自己所热爱的事业；学会沟通，增强人与人之间的相互理解；学会合作，掌握基本的工作方式；学会与他人共处，营造良好的工作环境；学会生存，使人在不断发展中日臻完善，人格健全、思维活跃、生活多彩、表达方式丰富，有能力掌握自身的命运。在实践中增强创作、创造、创业、创新的能力。

（二）约束功能

通过学科文化建设，明确地提出学科的人员应该弘扬什么，反对什么，遵守怎样的道德规范和行为准则，辅以较为完善、措施有力的规章制度的建设，对教职员工的行为规范起到强烈的约束作用。学科文化建设有利于在学科人员中形成良好的作风和道德修养，形成大家都维护学科的形象、声誉的氛围，使健康的道德规范成为每个员工自觉的行为。

（三）凝聚功能

学科文化建设的另一个重要目的，就是以统一的目标、共同的事业、共同遵守的道德标准和行为规范统一学科人员的认识，凝聚人心，团结奋进，开拓进取。通过凝聚功能，广纳五湖四海之贤才，发挥学科各层次人才的积极性和创造性。所以，学科文化建设的凝聚功能十分重要，是做好学科建设的基础。

（四）融合功能

学科文化建设是社会文化建设和校园文化建设的组成部分，它可以汲取古今中外一切有益的科学文化和人文文化，也可以汲取企业文化和校园文化建设的精髓，综合提炼，融会贯通，形成具有独特风格的学科文化。不同的学科，应具有不同的学科文化。学科文化建设的融合功能还体现在把学科的奋斗目标与自己的事业、抱负融为一体，把来自五湖四海，具有不同年龄、不同性格、不同学历、不同经历的各路人才融合在一起，把大家的人生观、价值观、道德观、行为准则融合在一起，使个人的利益与学科利益挂钩，统一和规范学科人员的行为。

（五）辐射功能

学科文化建设的各种理念、规范、形象、表现等具有较强的辐射功能，能渗透到学科人员的心里，在脑海里留下深刻的烙印。学科发展史中的先进典型、知名专家的人格魅力和某些先进的做法，还将对其他学科乃至校园文化、社会文化，产生辐射和影响作用，带动相邻学科文化建设的发展，推动校园文化和社会文化的进步。

四、学科文化建设的内容分析

（一）学科精神文化建设

学科精神文化是指学科在长期的建设和发展中形成的一种具有较大感召力和影响力的学科文化精神，主要由学科的传统文化发展史，包括学科特色、工作风格、学术水平，著名专家教授的品格、气质、生命力、创造力、学术成就等内容与学科在发展中创造的新的精神共同孕育而成。它集中体现了学科的独特的建设理念、发展目标，反映了该学科的共同追求，共同信念和价值取向。它既是学科人员群体意识的集中体现，是学科建设发展的精神支柱，也是学科建设中最有价值的无形资产和精神财富。

这种精神对外产生较大的辐射力，令外界人士刮目相看；这种精神将对人才产生极大吸引力，使有志之士乐意加盟；这种精神对内部学科员工产生凝聚力和向心力，使员工产生自豪感和荣誉感，即使离开学科也会处处维护学科的声誉，在新的单位也能发扬光大学科的精神；这种精神形成一个无形的熔炉，使外界引入的人才很快融入学科精神的大熔炉中，并始终保持学科精神的先进性和纯洁性，使学科的建设始终得到先进精神文化的强力支撑。

学科文化精神建设不是一个抽象的、空洞的概念，而是有十分丰富的、实在的建设内容。其主要内容包括创新精神、团队精神、人文精神。

1. 创新精神

创新精神是一种勇于抛弃旧思想旧事物、创立新思想新事物的精神。主要指要具有能够综合运用已有的知识、信息、技能和方法，提出新方法、新观点的思维能力和进行发明创造、改革、革新的意志、信心、勇气和智慧。创新精神属于科学精神和科学思想范畴，是进行创新活动必须具备的一些心理特征，包括创新意识、创新兴趣、创新胆量、创新决心，以及相关的思维活动。

创新精神是学科文化建设的核心，也是一个现代人应该具备的素质。21 世纪是一个充满机会和希望的世纪，是一个充满风险和挑战的世纪。能否创新，将决定一个国家的前途和命运。21 世纪也是知识经济的世纪，在生产的过程中，生产要素发生了质的变化，智力劳动占据了主导地位，知识和信息的作用日益增强，占据了支配地位。知识传播的速度加快，使知识、技术、产品的生命周期缩短，这些变化加剧了学科的竞争和人才的竞争，对劳动者的素质要求日益提高，劳动者必须具有丰富的知识和创新的素质才能生存，学科必须不断创新才能跟上知识经济时代的步伐，适应科技、社会快速变化的环境。在学科的建设中，要瞄准学科发展前沿和把握学科发展趋势，坚持高起点、大纵深的科技创新。要具有高度敏锐的科学头脑，善于捕捉科学工作实践中闪现的创新思维火花，不断创新。

在创新精神引导下，学科应大力开展协作创新，联合攻关。通过协作创新，拓展思路、激励成就欲望、激发聪明才智、激活创造思维，迸发创新的"火花"。通过协作创新，集思广益、信息共享，产生强大的集体创造力。要充分发挥重点学科建设的先导作用和人才、知识、技术、资金、设备的集成优势，大力开展源头创新工作，一是在科学上有所发现，开创新的理论；二是发明新的技术，开发具有自主知识产权的成果，走出一条以原始创新为主，以增量性创新为辅的学科创新的发展道路。

2. 团队精神

团队精神，简单来说就是大局意识、协作精神和服务精神的集中体现。团队精神的基础是尊重个人的兴趣和成就。核心是协同合作，最高境界是全体成员的向心力、凝聚力，反映的是个体利益和整体利益的统一，进而保证组织的高效率运转。挥洒个性、表现特长保证了成员共同完成任务目标，而明确的协作意愿和协作方式则产生了真正的内心动力。团队精神是组织文化的一部分。

当代科学技术的发展，呈现出学科既交叉又渗透的特征，任何一种研究成果均是由多种知识、理论、技术综合和集成而产生。人类早就已经结束了靠个体发明创造的落后的科研模式。依靠群体，统一目标，分工合作，联合攻关已经成为当代科学研究的基本模式。在这种情况下，强调学科团队精神尤为重要。

团队精神是一种胸怀、是一种气度、是一种觉悟、是一种品德。团队精神可以形成合力，攻克科学难关。团队精神可以避免"内耗"，避免影响学科整体的实力和学科的建设。

塑造团队精神，就是要形成爱学科如爱家的观念，处处维护学科的利益和形象，个人利益服从集体利益。识大体、顾大局、抛弃个人的偏见和私利，胸怀坦荡，宽容大度，严以律己，宽以待人，遇事多从自己身上找原因，而不过多指责别人。充分激发学科人员的"主人翁精神"，增强其使命感、责任感。要让全体成员明白，每个人的利益是与团体的利益分不开的，每个人所得利益多少，取决于团体取得多大的成功。

塑造团队精神，就是形成相互信任、相互关心、相互爱护、相互支持的共生环境。做到"大事、小事多商量，有事、无事常来往，难事、急事大家帮，好事、美事大家让"，补台不拆台，团结得像一个人，配合得像左右手，齐心协力，步调一致。

塑造团队精神，不是保持一团和气，而是要在弘扬正气，保持在凛然正气基础上的团结。要强调遵纪守法，遵守纪律，令行禁止。要敢于开展批评和自我批评，把一些坏的思想、行为纠正在萌芽之中。

塑造团队精神就是要讲究分工合作，讲究服从安排，听从指挥。学科带头人要以身作则，有大局观念，以团体利益为重，起好模范带头作用，榜样的力量是无穷的；正确处理利益分配关系，为员工利益着想，先人后己，不假公济私；要出于公心，一视同仁，赢得大家的信任。尊重下属，对下属下简单的行政命令，善于与下属合作、协商工作，勇于承担责任，参与第一线的工作实践，掌握第一手材料，有针对性地解决实际问题。

塑造团队精神，必须制定一个催人奋进的发展目标，以共同的事业凝聚人心，尽量使每个成员的目标与团体的目标相一致。团体成为维护和实现大家共同目标的共同体，大家也都为了实现共同的目标，心往一处想，劲往一处使，拧成一股绳。要创造良好的工作、生活、学习环境吸引人，采取综合建设的方法，弘扬和塑造良好的团队精神。

3. 人文精神

人文精神是一种普遍的人类自我关怀，表现为对人的尊严、价值、命运的维护、追求和关切，对人类遗留下来的各种精神文化现象的高度珍视，对一种全面发展的理想人格的肯定和塑造。人文精神是社会进步的产物。人文的含义，简而言之，就是为人处世的道理和准则的文化。人文精神就是能够正确处理人与人、人与社会、人与自然之间关系的一种文化精神。用现代的话来讲，就是要在实现国家和民族利益的前提下，实现自身价值和理想的精神。它的基本含义就是尊重人的价值、尊重精神的价值。

将人文精神贯穿到学科建设中也是一种新的探索和尝试，人文精神是知识分子应认真掌握的精神准则。加强学科人文精神建设对学科的建设发展是非常有益的。各学科要以加强人文素质教育、培养为突破口。通过举办人文讲座，学习人文知识，引导学科人员泛读文、史、哲、艺等方面的好书，将人文的思想性、学术性、艺术性融为一体，培养学科人员的人文底蕴和人文素质。将人文精神体现在工作实践和工作、生活中，促进科技精神与人文精神的融合和学科人员素质的全面提高，使学科人员树立正确的人生观、价值观，明白人生的哲理，解决好如何做人，如何判断真、善、美的问题。

（二）学科制度文化建设

学科制度文化建设是学科文化建设的基础，是保证学科顺利运行的保障。学科的精神文化建设、行为文化建设、学科环境文化建设均应以学科制度文化建设为保障。制度是一种强制、一种规范，是一种防患于未然的措施，起到明事人不触犯，操作者不做难，违纪者无人怜的作用。加强学科制度建设是加强学科管理的有效方法。学科的制度文化建设主要包括学科建设的有关规定，管理制度，行为准则，岗位职责，文风、学风、科研作风建设等。

建章立制工作是学科建设的一项基本工作。把建章立制工作作为一个文化进行建设。一是强调系统建设；二是在强化规章制度的强制性和约束性外，更加体现人的自觉性和可塑性，使规章制度的建设更具有人性化的人文精神。因为规章制度约束的是不遵纪守法的人，而对遵纪守法的人毫无作用。通过学科制度文化建设，人的思想境界和自觉性都提高了。行为都十分规范了，建章立制约束作用就失去了存在的意义。所以，将建章立制工作纳入制度文化建设的范围，具有较深刻的含义和重要的意义。行为的规范重在养成，行为的规范必须有标准。所谓"没有规矩不成方圆"，这个规矩就是制度建设。对学科建设来讲也需要严格的制度作保障，规范行为，养成习惯，健康发展。

1. 日常生活管理制度

学科的载体是科室，科室的顺利运行需要基本的制度，这就是日常管理的基本制度，如上下班、请销假、请示、汇报等保障日常生活顺利进行的制度，又称为"一日生活制度"，是保证学科正常工作秩序的基本制度。

2. 人才管理制度

学科建设人才汇聚，需要建立严密、配套的人才管理制度。不仅在学科内部应该建立自己的人才管理制度，更重要的是各院校要制定有利于学科建设的人事制度和人才建设政策。

3. 目标责任管理制度

学科制度建设还必须建立明确的、完整的目标管理责任制。围绕学科建设的大目标，进行目标分解，责任到人。对每项分目标都有明确的任务、明确的责任、明确的完成任务的时间表。要建立健全一套科学合理的检查、评估、验收标准，对各分目标的完成情况进行检查、督促、评估、验收。要采取有力的奖罚措施，奖优罚劣，确保学科建设的各项工作落到实处，确保学科目标的实现和建设质量。

4. 导师聘任制度

在现代的教育体系中，导师制是一种教育制度，与学分制、班建制同为三大教育模式。导师制最大特点是师生关系密切。导师不仅要指导学生的学习，还要指导学生的生活，进行德育，以更好地贯彻全员育人、全过程育人、全方位育人的现代教育理念，更好地适应素质教育的要求和人才培养目标的转变。

近年来，国内各高校都在探索除研究生教育以外的高等教育也能建立一种新型的教育教学制度——导师制，这种制度要求在教师和学生之间建立一种"导学"关系，针对学生的个性差异，因材施教，指导学生的思想、学习与生活。导师制从制度上规定教师具有育人的责任，使教师在从事教学科研以外，把对学生进行思想、学习、心理等方面的教育和指导作为其工作的另一部分。

（三）学科行为文化建设

行为文化是指人们在生活、工作之中所贡献的、有价值的，促进文明、文化以及人类社会发展的经验及创造性活动。行为文化是文化层次理论结构要素之一。学科行为文化指的是学科全体员工在教学、科研、社会服务、学术交流、日常生活、娱乐等活动中产生的一种行为规范的文化。这种文化是在长期的学科建设中形成的，是学科人员思想中形成的一种行为准则，用于规范学科人员中的各种行为，在耳濡目染、潜移默化中影响和指导着广大教职员工，形成大家共同遵守的行为准则，使教职员工在工作实践和日常生活中能够区分善与恶、美与丑、荣与辱，使自己明白什么事情可以做，什么事情不可以做。

通过学科内部的行为文化建设，形成规范的行为，保证学科内部的工作顺利通畅，安全稳定。对外显示出良好的气质和较高的素质，不论通过对学科人员的接触，还是跨入学科所在的场所，大到举行盛大庆典，小到接一个电话，规范、亲切、文明、礼貌的用语，都给人一种超凡脱俗、耳目一新的感觉，使外人对学科人员的素质、气质、言谈举止，待人接物，处理问题的行为赞不绝口，令人刮目相看，从而形成学科独特的行为风格，为学科的建设赢得好的声誉，促进学科的建设和发展。

1. 学科行为文化建设的原则

学科行为文化建设的目标是形成一套大家共同遵守的行为准则，所以学科行为文化建设必须遵循一些基本原则。

（1）符合国家法令法规的原则。学科行为文化建设必须符合国家的法律、法令和单位部门的规章制度。要教育教职员工加强法规意识，做遵纪守法的模范。学科内部制定的规章制度，要与国家法规和单位的制度相一致。

（2）有利于培育道德品质的原则。学科行为文化的建设必须符合国家和民族的道德规范，有利于培养学科人员的思想品德，提高学科人员政治敏感性和道德鉴别力。夯实道德基础、守住底线。树立正确的善恶观、荣辱观和美丑观。弄清善恶、荣辱、美丑是伦理道德的基本问题。分清善与恶、荣与辱、美与丑的界线，是对学科行为文化建设最基本的要求。

（3）有利于提高学科人员文化素养和形象。学科队伍是由不同性格、不同气质的人员组成的，学科文化建设要注意提高学科人员的文化素养，注意学科和学科人员的自身形象。"形象"一词来自艺术，本身蕴含很深的美学内涵。要规范学科人员的言谈举止，衣着打扮。要求做到衣着得体、仪表端庄、文明礼貌，热情待人接物、言谈温文尔雅、举止风度翩翩。总体要求有利于提高学科人文素质的整体形象，体现学科人员高贵的气质、风度和文化修养。体现内在美与外在美的完美结合，体现精神美、文化美、艺术美的完美结合，体现真、善、美的完美结合。

学科是知识分子成堆的地方，特别是学科有一定知名度后，与其交往的人员和单位都是有一定地位和身份的人，要给外人留下好的形象和好的印象，这是维护学科基本形象的一项重要工作。

2. 学科行为文化建设的方法

学科行为文化建设的基本方法如下：

（1）建章立制。规章制度是规范人的行为最有效的方法，规章制度要强调健全、配套、完善，可操作性强，易于贯彻实施。建章立制，贵在实施，要切实做到"有章可依，有章必依，违章必究，执章必严"。

（2）加强教育。任何行为都是受思想的支配，而思想意识的形成取决于长期的宣传和思想教育。要采取多种形式加强道德规范、遵纪守法的教育，要高扬爱国主义、集体主义的大旗，大力倡导社会公德、职业道德和家庭美德，积极宣传先进人物和典型事迹，用高尚的精神塑造人，增强学科人员的道德修养和文化素养，使其能用社会道德的价值标准衡量、对待是非、善恶、利益、生死、得失、苦乐等问题，弘扬求真、求善、求美的精神。对人员的思想教育是一个长期的、艰巨的过程，是一个永恒的主题，要经常抓，抓经常，常抓不懈，方能见到成效。

（3）树立榜样。学科文化的精神源于学科的传统精神。学科带头人、成绩斐然的专家、学者的为人、为教、为学的品格、气质、行为对学科的行为文化建设起着至关重要的导向作用。学科带头人和主要骨干的言行举止就是一种榜样，会产生无穷的感召力。

（4）文化熏陶。经常组织开展艺术性强，品位高雅的文化艺术活动，加强文化修养，培养高尚的情操。

（四）学科环境文化建设

学科环境文化建设是学科文化建设最主要的外部表现形式，是学科文化的支撑和载体。学科环境文化建设主要由硬件环境文化和软件环境文化建设组成。学科硬件环境文化建设主要包括院校硬件大环境建设和学科内部硬件小环境建设。院校硬件大环境建设主要包括公共服务系统平台建设，如基础设施、公共设施、生活设施等。学科内部硬件小环境建设主要包括学科内部的教学、科研设备、实验室建设等，它的一个显著特征是以物质形态存在。

硬件环境文化建设是学科建设的物质基础，是学科发展的支撑条件，是学科人员工作、学习、生活的场所和进行科研、教学、社会服务的工具，是拴心留人，激发教职员工自豪感和凝聚力的基本保证。清洁、优雅、舒适的办公环境、工作环境、生活环境，使人能够心情舒畅。先进的仪器设备，整齐配套的科研设备，为学科人搭建了施展才华的舞台，提供了攻克科学难点的武器，使人能够事业有成。美化的硬件环境不仅可以提高工作、学习效率，而且有利于熏陶和培养学科人员良好的行为、素质和形成健康的人格。

硬件环境文化建设应突出"八性"：一是简洁朴实，强调适用性，求适用、求效用，求投资效益最大化、最优化；二是环境优美、崇尚自然性，追求人与自然的和谐统一；三是精巧随意，注重人文性，坚持以人为本，人性化设计；四是技术先进，追求时代性；五是风格多样，体现创造性；六是节能治污，富有前瞻性；七是校、社结合，构筑开放性；八是规范管理，保持严肃性。

软环境文化建设，主要是指学科的学术氛围、育人氛围、舆论氛围、团结氛围、开放氛围、竞争氛围，良好的氛围是学科育人留人、兴旺发达的前提，团结、开放、竞争的氛围是学科建设发展的基石。

1. 学科硬件环境文化建设

把硬件环境的建设作为一种文化来建设，就意味着这种建设远远不止投入资金，建构栋房，修实验室，购一些仪器设备那么简单。建设者、设计者、管理者需要具有良好的文化素养，在建设中要始终体现一种强烈的人文关怀，文化气息，始终以人为本，换位思考，站在使用者的角度来设计、建造项目。对所建的项目要充分考虑到经济、适用、美观、配套等要素。系统考虑硬件环境的建设，保障、使用、维修一条龙服务，把优良的硬件建设与优质的服务结合起来，创造出优良的工作和生活环境。

创造优良的工作环境，应着力打造三个工作平台：一是打造优秀的公共服务技术平台，二是打造学科实验室技术支撑平台，三是打造优质的教学平台。

（1）打造优良的公共服务技术平台：学科的硬环境建设不可能小而全，面面俱到；必须得到学院公共技术平台的强力支撑。公共技术平台面向全校多个学科服务，各学院应该集中财力，加强公共技术服务平台的建设，优化资源配置，提高投资效率。

（2）打造学科的实验室支撑技术平台：重点学科建设是必须有适合本专业本学科的仪器设备和实验条件作支撑。学科要发展、水平要提高，就必须加强学科的支撑条件建设。实验室的建设需要解决两个基本问题：一是解决有无的问题，二是要解决管和用的问题。

首先要解决仪器设备有无的问题。特别是现代科技的发展逐步向微观深入，许多研究工作已深入到分子水平，各种新的科研技术层出不穷，采用最新的技术，才能作出一流的结果，获得创新的成果。在现代社会科研的模式已经发生了很大的变化，科研对仪器设备的依赖性越来越强，仪器设备对科研的作用越来越大，构成一种正比的关系。成功的科研应该是人才+信息+设备共同作用的结果。一流成果＝一流的人才+一流的信息+一流的设备+一流的工作。离开了设备的支撑作用，就无法开展科研活动；没有一流的设备，就没有一流的成果，就会阻碍学科学术水平的发展提高。所以，加强学科实验室建设十分重要，也是在学科建设经费投入上应该重点投入的一个项目。

其次要解决好仪器设备管和用的问题。学科实验室建设要注意配套，按照"统建、专管、共用"的原则，各实验室仪器应互通有无，基本专业设备由各实验室自己拥有，并实施管理，大型、通用仪器设备统管公用。在建设上，坚持高起点、高标准、高水平，确保能为从事前沿性、基础性、应用性较强的高、大、精、深、新的课题研究提供有效的支撑；在建设途径上要与国家或部委重点试验室建设接轨，建成开放实验室，吸引校内外人才来实验室开展工作，力争获得国家部委实验室建设经费的投入。在管理上，由专门机构和人员负责管理，要制定完整的实验室管理制度，加强仪器设备的管理、维修和应用，避免损坏仪器、空置仪器，提高仪器设备的使用年限和使用效率。确保实验室的通用性、共享性、开放性。

（3）打造优质的教学平台：院校以教学为中心，学科建设的最终目的之一是更好地培养高层次高水平的科技人才。为此学科硬件环境的建设必须打造教学工作的服务平台。

2. 学科软件环境文化建设

（1）营造"尊重"的大环境。学科的软环境建设，需要起到"海潮效应"①。学科的建设人才是根本，人才与社会时代的关系犹如天体引力和潮水的关系。社会需要人才，时代呼唤人才，人才便应运而生，引力越大，吸引的人才越多，人才的效应越强。依据这一效应，作为国家，要加大对人才的宣传力度，形成尊重知识、尊重人才的良好风气。

（2）营造宽松和谐的人际环境。人是有情感的，是需要理解、关心、爱护的，营造宽松和谐的人际环境，是感情留人的具体体现。领导干部应注意加强与科技干部的交流沟通，广泛听取科技人员的意见和建议，沟通思想，理顺情绪，化解矛盾，相互理解，相互信赖，相互支持。

（3）营造良好的创业环境。学科建设是一种建功立业的行为，需要营造良好的创业环

---

① 海潮效应，是海水因天体的引力而涌起海潮，引力大则出现大潮，引力小则出现小潮，引力过弱则无潮的现象。

境，形成较好的创业氛围，如团结的氛围、开放的氛围、竞争的氛围等。倡导敢于打破陈规、标新立异，鼓励科学家摒弃因循守旧、墨守成规、无所作为的自卑心理；倡导潜心静气的钻研和超凡脱俗的冷静，摒弃各种投机取巧、急功近利的浮躁习气；倡导追求真理、宽容失败，摒弃压制他人特别是青年人的不良作风。

第一，团结的氛围：团结的本意是和睦、友好、安定，联合起来以完成共同目标。团结就是力量，团结是做好学科创业的基本保证，科室的人都来自五湖四海，性格、脾气各不相同，众口难调，做好团结，就是要做到"五音不同声而能调，五味不同物能和"，大家都要讲团结，求同存异，相互谦让，和谐共处，协调发展、共同进步。

第二，开放氛围：开放的词义，多表示张开、释放、解除限制等含义。学科的建设是开放式的建设。只有全面开放，加强对外交流，才能拓宽视野，开阔思路，找到差距，加快发展。当今信息社会，经验、教训和信息也是财富。

第三，竞争的氛围：竞争是学科前进的动力，没有竞争，就没有危机感、紧迫感，会阻碍学科的快速发展。

第四，宽容的氛围：宽容即允许别人自由行动或判断；耐心而毫无偏见地容忍与自己的观点或公认的观点不一致的意见。宽大有气量，不计较或不追究。宽容的氛围在学科文化建设中十分的重要，关系到单位的工作氛围和和谐的人际关系，关系到单位的学术风气。在学科建设中讲宽容，主要要做到以下两个方面。

一是要提高对宽容的认识。宽容是一种资源。我们在宽容的同时，也在为自己营造着良好的生存空间和有利的发展氛围，宽容是一种非凡的气度，是对人对事的包容、接纳、海涵和尊重。宽容是人生的一种豁达，是一个人有涵养的重要表现。宽容是一种高贵的品质，是精神的成熟和心灵的丰盈。当我们在工作和生活中抱怨别人不能理解自己的同时，自己是否站在对方的角度，考虑了对方的立场，对方的感受。所以，对每个人来说都要注意自身的修养，逐步培养具有宽容心的高尚品德。

二是在学术上提倡宽容。作为学科，提倡学术上的宽容非常的重要，这是创造良好学术氛围的基础。要正确看待和评价学术上的成就和失败。鼓励探索、宽容失败。

第五，诚信的氛围：诚信是一个道德范畴，是公民的第二张"身份证"，是日常行为的诚实和正式交流的信用的合称，即待人处事真诚、老实、讲信誉，言必行、行必果，一言九鼎，一诺千金。诚信的基本道德内涵是务真求实，诚实守信，不妄不伪，真实不欺。人无诚信不立。一般而言，在当代，诚信是现代社会伦理的主要德行，是市场经济的内在要求，是全球化时代公正、合理和可持续发展的中心要义。其中学术诚信则是科学精神的基本要求，是科技人员的基本守则。树立科学道德与遵守学术规范，是科学研究正常进行的最基本的保证。

五、学科文化建设的具体方法

（一）确定学科的训诫

根据实际，确立能够涵盖学科建设的目标，学科的建设方针，总的精神、行为准则，工作态度、思想意识、价值观念和道德规范的训诫。训诫对规范一个单位的行为，养成良好的作风十分重要。现在几乎每个学校均有自己的校训，如清华大学提出"自强不息、厚德载物"；上海交通大学提出"饮水思源，爱国荣校"；复旦大学提出"博学而笃志，切问而近思"；湛江师范学院提出"崇德、博雅、弘志、信勇"。校训态度鲜明，语言简洁明了，概括性、针对性强，内涵覆盖面较广，立意高远，朗朗上口，易于记忆。学科文化建设应该有自己本学科的训诫，学科的训诫，应该让人刻骨铭心，终生难忘，体现学科文化建设总的要求、基本风格，并便于贯彻执行。

（二）开展文化建设活动

要从形式和内容上加强学科文化建设。形式上包括学科的训戒、习俗、风格、礼仪、言谈举止、节庆活动、形象标识等文化要求。在形式的建设上，要体现较高的文化素养和高雅的文化品位，给人以清新、自然、超俗的感觉。在内容建设上，主要要加强人文、社科知识的学习和人文精神、人文素质的培养。要经常组织开展丰富多彩、生动活泼、格调清新、艺术高雅的科技、文化、娱乐活动。循循善诱，使受教育者如沐春风，如饮甘霖，在潜移默化中养成健康的道德规范和健康的人格。

要加强建章立制的工作。在提倡和培养师生整体价值观和道德规范的同时，学科文化的建设还必须以规章制度作保障。使员工既有学科文化的导向，又有制度规范的约束，将提倡个人自觉的行为与制度的强制相结合，保障学科文化建设的顺利进行。制度建设对刚组建的新学科或规章制度不健全、不完善的学科尤为重要。

（三）加强宣传教育力度

要加强宣传教育力度，充分利用板报、讲座、开会、讨论、标语、口号等多种形式，组织开展多层面、全方位、不间断、经常性的学科文化教育活动。

要充分运用雕塑、画像、科学家的箴言、名人名言、标识、刻石、匾额、楹联、宣传栏、网络等的作用展示学科荣誉，弘扬学科精神，弘扬正能量，营造浓厚的文化氛围，将教育寓于工作、学习和生活之中，用人格的美和艺术的美综合育人，春风化雨、润物无声。做到让学科文化的总精神深入人心，在学科人员中家喻户晓，印入脑里，记在心里，落实在工作、学习中，体现在具体行为上。

要树立典型，充分发挥典型的示范作用、影响作用和带动作用。榜样的力量往往是无穷的，尤其是学术造诣深的知名教授，年轻有为的杰出人才等。他们的杰出表现将对学科的文化建设起着重要的导向作用。

第六章　基于核心素养的学科发展研究

第一节　核心素养与学科核心素养分析

一、核心素养的分析

"素养"一般指平日的修养，它包括道德品质、言行举止、知识水平与能力才干等各个方面。而"核心素养"特指那些关键的、不可或缺的品质、能力及精神面貌。当下，我们所说的核心素养，还需要考虑时代的需求与现代学生的特点。就教育领域而言，核心素养是指学生在接受相应学段的教育过程中，逐步形成的适应个人终身发展和社会发展需要的必备品格和关键能力。

（一）核心素养的价值取向

第一，要准确把握核心素养对课程改革深化的统领性以及对学生发展的支撑性，提升改革的自觉性。核心素养与课程改革的深化有着直接的、深度的关联。这种直接、深度的关联主要体现为：它规定了课程改革的方向与宗旨，是课程改革的核心目标，是教材编写、教育教学、考试评价、制度管理的根本依据。它是国家标准，根据这一标准制定的学业质量标准，可以明确学生完成不同学段、不同年级、不同学科应达到的程度要求，可以指导教师准确把握教学的深度和广度，可以使评价更加准确反映人才培养要求。因此，核心素养之于课程改革具有统领性、引领性的作用，明晰并坚持学生发展核心素养，可促使课程改革的立意更高远、更具方向感；促使课程标准修订的依据更明确、更具"核心感"，促使教学改革聚焦于素养的培养，从知识走向素养，更具超越感。

课程改革又密切关联着学生的发展。课程改革不仅从社会需要出发，还要从学生自身发展需要出发。核心素养之于学生的发展，具有根源性和支撑性的作用，它是学生发展之根基，可以生成；它是学生发展的支柱，支撑着学生未来发展。核心素养的培养，让学生有带得走的必备品格和关键能力，走向人生，走向未来。核心素养的提出，让课程改革充溢着新的生命活力，丰富了内涵，让以人为本、以学生发展为核心的理念进一步彰显。

第二，应当有广阔的视域和更深刻的内涵，增强改革的使命感。众所周知，随着全球化、信息化与知识社会的来临，国力竞争不断加剧，合作共赢的发展理念正在达成共识。国力的竞争说到底是人才的竞争，合作共赢的发展理念必须靠人才的支撑。这一切需要进一步提升人才培养的质量，而提高人才培养质量首先要致力于国民素养的提升。这一世界各国发展的共同主题必然要转化为教育的重大主题，这是教育不能规避的，是必须积极应答的核心问题。这一核心问题、重大主题聚焦在学生应该具备的最基本、最重要、最关键的知识、能力、情感、价值观上，即学生发展的核心素养上。

因此，我们应当有这样的认识：培养和发展学生的核心素养，是国家发展战略尤其是国家人才发展战略在教育改革领域的主要体现和具体要求，同时，也是培育和践行社会主义核心价值观这一根本任务在教育领域落实的重要措施和首要途径。这样的背景视野，既超越了课程改革本身，也提升了学生自身发展的价值、意义。

（二）核心素养具备的特性

第一，不可补偿性。在终身教育或终身学习体系中，大量知识、技能甚至一些素养允许暂时缺失，因为还有机会与可能得到补偿，但有一些错失却无法弥补，如身体的素养，应该成为所有素养中最核心的部分。

第二，不可替代性。越是基本的与生存、工作、生活紧密相关的技能与素养，越往往不可替代，如规避危险的能力、基本的方法论、基础的审美素养等难以"他山攻玉"。

第三，可迁移性。内核与外围肯定相连，任何核心素养必然会对人的全面发展有潜移默化的促进作用，如阅读素养、科学素养，早已经超越了语文、物理、化学的学科概念了，因为它们在人解决问题的过程中以及人的发展中发挥着综合作用。

（三）核心素养遵循的原则

第一，坚持科学性原则。紧紧围绕立德树人的根本要求，坚持以人为本，遵循学生身心发展规律与教育规律，将科学的理念和方法贯穿研究工作全过程，重视理论支撑和实证依据，确保研究过程严谨规范。

第二，注重时代性原则。充分反映新时期经济社会发展对人才培养的新要求，全面体现先进的教育思想和教育理念，确保研究成果与时俱进、具有前瞻性。

第三，强化民族性原则。着重强调优秀传统文化的传承与发展，把核心素养研究植根于中华民族的文化历史土壤，系统落实社会主义核心价值观的基本要求，突出强调社会责任和国家认同，充分体现民族特点，确保立足中国国情、具有中国特色。

（四）核心素养的总体框架

学生发展核心素养，主要指学生应具备的，能够适应终身发展和社会发展需要的必备品格和关键能力。研究学生发展核心素养是落实立德树人根本任务的一项重要举措，也是适应世界教育改革发展趋势、提升我国教育国际竞争力的迫切需要。

中国学生发展核心素养，以科学性、时代性和民族性为基本原则，以培养"全面发展的人"为核心，分为文化基础、自主发展、社会参与三个方面，具体如下。

1. 文化基础

文化基础，重在强调能习得人文、科学等各领域的知识和技能，掌握和运用人类优秀智慧成果，涵养内在精神，追求真善美的统一，发展成为有宽厚文化基础、有更高精神追求的人。

（1）人文底蕴。人文底蕴主要是学生在学习、理解、运用人文领域知识和技能等方面所形成的基本能力、情感、态度和价值取向。具体包括人文积淀、人文情怀和审美情趣等基本要点。

（2）科学精神。科学精神主要是学生在学习、理解、运用科学知识和技能等方面所形成的价值标准、思维方式和行为表现。具体包括理性思维、批判质疑、勇于探究等基本要点。

2. 自主发展

自主性是人作为主体的根本属性。自主发展，重在强调能有效管理自己的学习和生活，认识和发现自我价值，发掘自身潜力，有效应对复杂多变的环境，成就出彩人生，发展成为有明确人生方向、有生活品质的人。

（1）学会学习。学会学习主要是学生在学习意识形成、学习方式方法选择、学习进程评估调控等方面的综合表现。具体包括乐学善学、勤于反思、信息意识等基本要点。

（2）健康生活。健康生活主要是学生在认识自我、发展身心、规划人生等方面的综合表现。具体包括珍爱生命、健全人格、自我管理等基本要点。

3. 社会参与

社会性是人的本质属性。社会参与重在强调能处理好自我与社会的关系，养成现代公民所必须遵守和履行的道德准则和行为规范，增强社会责任感，提升创新精神和实践能力，促进个人价值实现，推动社会发展进步，发展成为有理想信念、敢于担当的人。

（1）责任担当。责任担当主要是学生在处理个人与社会、国家、国际等关系方面所形成的情感、态度、价值取向和行为方式。具体包括社会责任、国家认同、国际理解等基本要点。

（2）实践创新。实践创新主要是学生在日常活动、问题解决、适应挑战等方面所形成的实践能力、创新意识和行为表现。具体包括劳动意识、问题解决、技术应用等基本要点。

（五）核心素养的具体内容

核心素养的内容包括以下五个方面。

第一，信息素养。信息素养是网络时代的基本能力，即对信息的获取、加工、利用、创造等。在信息爆炸的今天，要重视对信息的选择、加工与交流，尤其要培养利用网络进行学习的意识。

第二，思维素养。学生要掌握三种主要的思维能力：①逻辑思维能力。逻辑思维是科学思维和批判思维的基础，它强调严格的推理和论证。②形象思维能力。这是非逻辑思维的一种，类似的还有直觉思维、灵感和顿悟等。这种思维能力虽然不像逻辑思维那样严谨，但容易激发创意。③创新思维能力。创新思维是逻辑思维与非逻辑思维的有机组合。一般在创意的萌芽阶段，多采用非逻辑思维；在创意的完善阶段，应采用逻辑思维。创新思维有助于打破心智枷锁，获得突破性解决方案。

第三，人文素养①。未来的社会一定是向着更加文明的方向发展，教育的目标就是要培养现代公民。而其中民主与法治意识、人人平等意识、正义感等素养尤为重要，当然还应包括诚信、友善等基本素养。

第四，专业素养。专业素养主要指人人都应该有一技之长，这与社会分工有关。未来的社会分工只会越来越细，因而也越来越强调分工与协作。因此，每个人都应该是独特的人，都有自己的一技之长。各种专长的人有机组合在一起，才能完成各种复杂的任务。

第五，身心素养。健康的身体、积极的心态、平和的情感对现代人尤为重要，这一素养直接影响到一个人一生的成败。

---

①所谓的人文素养，即人文科学的研究能力、知识水平和人文科学体现出来的以人为对象、以人为中心的精神——人的内在品质。

二、学科核心素养分析

学科核心素养指的是学科需要学生掌握的基础知识、基本技能与基本事实，以及需要掌握的学科思想、学科研究方法。近年来，作为核心素养的载体与体现，学科核心素养逐渐引起学界的关注。当前，我国学生核心素养体系基本形成，将它落实到教育教学过程中则需要各个学科根据核心素养体系和本学科特点，提炼学科核心素养，并把它贯彻到学科教学当中。只有深入了解学科核心素养，才能准确理解基于核心素养的新课程改革，为即将全面实施的新课程标准及其教学提供充分的准备。

学科核心素养既是一门学科对人的核心素养发展的独特贡献，又是一门学科特有的教育价值在学生身上的体现和落实，是学科本质观和学科教育价值观的反映。

从基础能力的角度来理解学科核心素养，其重点是强调核心素养的基础定位。从这个意义上说，学科核心素养应该与该学科的基础性学习密切关联，即从一个学科最基本的教学内容中，落实对学习者的素质培育和人格培养。学科核心素养与学生的成长历程、学科的教学推进，都有着密不可分的联系，它关注的正是学生通过学科学习可以得到培育和塑造的素质和能力。从这个角度来说，学科核心素养的培育过程，就是一个学习者通过学习实现成长的过程。在这个过程中，我们首先关心的是要将学习者培养成怎样的人，而不仅仅是关心他们记住了多少已经固化的条目。这种目标的设计，应该是基础性的，面向学习者成长的全过程，可以在较长的时间内对其持续产生影响。

从独特贡献的角度来理解学科核心素养，其重点是强调核心素养的学科意义。核心素养体系繁杂，教育课程门类繁多，如何将这么多素养，通过这么多课程，整合到学生身上，成为一种具有整体性的学生素养表现。最根本的方法，就是各个学科必须从自己的特性中提取本学科对学生核心素养培育最有价值的东西，将这些东西作为本学科的核心素养，并落实到教育教学中，发挥其他学科不可替代的独特贡献。从这个意义上说，学科核心素养突出的应该是学科价值的个性与学生专业成长的综合性、整体性的有机结合，是该学科对于学生成长的意义和价值所在。

从素养的角度来说，核心素养与学科核心素养是相辅相成的。学科核心素养是核心素养的基础性作用在学科意义上的呈现。从学科的角度来说，学科核心素养是核心素养的育人功能与学科价值的有机结合，是该学科实现立德树人根本任务的价值所在。

第二节　学科核心素养培养的重要依据

随着世界多极化、经济全球化、文化多样化、社会信息化的深入发展，各国都在思考"21世纪的学生应具备哪些核心素养才能较好地适应未来社会"这一前瞻性战略问题。今天，"知识本位时代"的光环逐渐被"核心素养时代"取代，教育教学的任务不再是单纯地"灌输"知识，而是给学生发展提供"核心素养"，需要从每所学校做起，从每个班级做起，从每位教师做起，从每位学生做起，从每门学科做起。

学科核心素养的提出，是教育领域为了培养学生社会主义核心价值观的一个重要举措。我们有必要把培养学生的学科核心素养放到当今时代发展的大背景中去探索。

第一，培养学生的学科核心素养是落实立德树人根本任务的迫切需要。要把宏观的教育目标落实到教育教学过程中，就需要将它们进一步具体化和系统化，转化为学生应该具备的、适应终身发展和社会发展需求的核心素养，进而贯穿各个学段，融合到各个学科，最后体现在学生身上。随着时代变迁和社会发展，"德智体美全面发展"的内涵也在发生变化，而更加准确地理解和解读国家的教育方针，迫切需要结合我国当前国情和当今时代特点，根据学生的成长规律和社会对人才的需求，把对学生全面发展这一教育目标细化，构建一套科学的、有中国特色的学生核心素养体系，从而更好地回答"为什么要培养人""培养什么人""如何培养人"的问题。

第二，培养学生学科核心素养是新课程改革的必然趋势。在新一轮基础教育课程改革中，"学科核心素养"已经成了一个热门话题。在新课程改革中我们往往会遇到一个问题："我们的教学目标是什么？"回答往往是在传授知识的同时发展学生的智力、培养学生的能力。这里的能力，集中表现在学科能力上。所谓学科能力，一是指学生掌握某个学科的特殊能力；二是指学生学习某学科时的智力活动，包含智力和能力的成分；三是指学生学习某学科的学习能力、学习策略与学习方法。学科能力通常以学科知识为中介，具有可操作性、稳定性。学生学科核心素养的养成与否，将直接影响对学科能力的掌握状况。

面对日趋激烈的国际竞争，我国要深入实施人才强国战略，提升教育国际竞争力，也必须解决培养核心素养这一关键问题。从宏观核心素养的提出到微观学科核心素养的研究是课程改革深入推进的必然选择。围绕培养核心素养这一命题所制定的新课程标准，不仅有课程目标、课程性质、课程内容、教学建议等，还加入了学科核心素养、学业质量标准等。

第三，培养学生学科核心素养是课程标准的内在要求。课程是学校教育的基础，课程标准是指导学校教育的基本准则。学生发展核心素养的建构旨在推动教育教学改革，实现这一目标首先需要将核心素养纳入并深化到课程改革的过程中去，尤其是融入新修订的课程标准中。核心素养融入课程标准，主要涉及三个方面：①具体化的教学目标一定是体现学生发展核心素养的教学目标。每门学科需要根据本学段核心素养的主要内容与表现形式，结合本学科的内容与特点，提出该学科实现本学段核心素养的具体目标，同时要体现本学科特色。②内容标准和机会标准是促进学生形成核心素养的保证。各学科需要结合本学科、本学段的核心素养要求来安排学科知识，并且要根据素养培养目标和学科内容特点提出有针对性的教学建议，以促进学生核心素养的形成。③质量标准是学生核心素养在学业上的具体体现。学生学科核心素养可以为衡量学生的学习状况提供评判依据。将学科核心素养与质量标准紧密结合，不仅可以更加有效地指导教育教学实践，结合了内容标准后还可以用来指导教育评价，监测学生核心素养达到的程度，并最终促进学生核心素养的形成和发展。

第三节　学科核心素养教学的技术赋能

课堂教学是学校教学、师生活动的基本组织形式，是学生掌握知识和技能、发展能力、提升素质的主渠道。因此，在课堂教学中，教师们要努力在有限的时间内通过相关技术，促进学生的深度学习，取得最大的学习收获，达到最佳的教学效果。

一、学科核心素养教学的模式方法

在教学实践中，广大教师从教的手段、教的时机、调动学生积极性、促进学生知识内化等多个角度进行了探索，产生了丰富且行之有效的经验。

（一）翻转课堂

1. 翻转课堂的特点

（1）翻转"知识传授"和"知识内化"过程。教学通常包括知识传授和知识内化两个阶段。在传统教学中，知识传授是通过教师课堂讲授来完成，知识内化则需要学生在课后通过作业、操作或者实践来完成。"而翻转课堂实现了颠覆，知识传授在课前，学生利用教师提供的学习资源自主学习课程，知识内化在课堂中，学生在教师帮助下互助探究完成"①。翻转课堂实现了"传递信息"和"知识内化"的翻转，使教师从知识传授者转变为学习引领者；使学生从知识接纳者转变为学习的主体。学生可以更充分地发挥主动性，提高学习能力。

（2）使学生的个性化学习成为可能。通过"课上"和"课下"学习内容的转变，学生在课前按需自定步调，学习教师提供的或自己查找的拓展资源，满足个性化学习的需要。学生可以根据自己对知识的掌握情况一次或多次反复学习资源，也可以通过线上、线下方式与其他同学进行沟通、协作。教师可以基于学生实际，将一些繁杂问题在课堂上通过师生、生生碰撞加以解决。

2. 翻转课堂的模型

在信息技术学科课堂中，翻转课堂可分为准备阶段、实施阶段、总结阶段。

（1）准备阶段：重在教学资源的设计与开发。翻转课堂特别强调教师在课前对教学资源的设计与开发。基于翻转课堂的教学设计除了传统的教学设计外，增添了富有"翻转"特色的元素，如课程微视频、课前拓展学习资源、学法指导、学习建议等。教师应根据信息技术学科标准及学业水平考试相关能力要求，结合学生实际发展水平，制定详细的教学设计：规划教学目标，细化教学重难点，选择恰当的教学策略，将重要的知识点和技能点录制成短小精悍的教学微视频，等等。并且选择的教学实例应注意和日常实际相联系，充分考虑学情的差异，给予学生必要的学法指导和学习建议；拓展学习资源要定位于开阔学生的信息视野，更好地满足学生的学习兴趣，加深学生对知识的理解。

（2）实施阶段：重在学生自主学习与知识建构。首先在学生自主学习阶段，学生通过云平台、腾讯 QQ 平台或其他途径，根据教师的学法指导和学习建议，利用多元化学习资源进行个性化自主学习。整个学习过程完全由学生自己控制，学习后进行学习检测，并将问题通过平台及时反馈给教师。其次教师汇总收集到的问题，再次设计教学，为课堂教学做足准备，实现教学的明确导向。在知识内化阶段，学生在已经对知识产生意义建构的基础上，将问题带到课堂中来，教师组织学生分组探究、小组协作，引导学生完成知识重建。既提高了学生课堂参与度，也有利于其知识内化。教师鼓励学生探讨、质疑、个性化辅导与点拨。最后，利用学生自评表或课堂检测方式完成课上即时测评，形成生成性评价。

（3）总结阶段：重在教学反馈与教学设计重构。一方面，教师引导学生总结学习，反

---

①邱桂香. 基于学科核心素养的信息技术教学实践研究 ［M］. 沈阳：东北大学出版社，2019：113.

思活动，提升成果。对不同层次学生提出不同的学习指导建议，促使学生对知识、学习过程作深入思考，完善知识结构，提高学习能力。另一方面，教师基于学生的课堂表现和实施操作的过程，梳理教学的成功与不足之处，通过对课堂活动开展数据分析、系统反思，实现翻转课堂教学设计的重构。

（二）问题核心

信息技术学科的强实践性和应用性是其特有优势，却也常常因此被误导为单纯的技术课。学习信息技术是为了提高解决问题的效率。因此，由关注学生"学技术"转向"用技术"是教师必须作出的调整。更进一步，思考"为什么学技术"和"用技术做什么"则是驱使教学走向现实的重要步骤。

第一，问题核心的基本思想。首先，分析知识背景，明确其在学科体系中的地位及价值。创造问题冲突，将学生引入学习情境，激发其学习兴趣。其次，引领学生学习新知，解决问题。学生在解决实际问题的全过程中，保持学习动力，调动学习潜能。最后，解决问题，总结归纳，提升素养。同时，还可以更进一步加深或拓展问题，将学习引申到更广阔的空间去。

第二，问题核心的实践意义。问题核心的教学目的在于引领学生走出盲目学习知识、盲目学习技术的困惑。提升信息技术的学科价值和现实意义。在实际教学中，教师多一些高阶思考，学生才会多一些高阶提升。让技术指向问题核心，不仅可以提升学生学习技术的积极性，还可以提高学生解决问题的效率，进而使学生形成面对实际问题的解决策略和解决路径，真正实现学以致用。

（三）任务驱动

在信息技术学科教学改革中，尤其在课程标准颁布以后，任务驱动教学法得到越来越多教师的认可和推崇，在提高信息技术学科的教学实效、培养学生的信息素养、提升创新精神和实践能力等方面表现突出。

"任务驱动法"是指在整个教学过程中，以完成一个个具体的任务为线索，把教学内容巧妙地隐含在每个任务之中，并在完成任务的同时培养学生的创新意识和创新能力以及自主学习的习惯，引导他们学会如何去发现、如何去思考、如何去寻找解决问题的方法，最终让学生自己提出问题，并经过思考，自己解决问题。

"任务驱动法"是一种建立在建构主义教学理论基础上的教学方法，符合探究式教学模式，适用于培养学生的自学能力和相对独立地分析问题、解决问题的能力。实施任务驱动法一般分以下步骤：提出任务—教师引导—研究学习—交流评价。

在设计任务时须遵循以下原则：

第一，考虑学生特点。学生的年龄和认知特点是教学组织和设计的重要依据。在进行任务驱动式教学的教学设计时，任务的设计也不例外。

第二，结合现实生活。任务的设计应该密切结合学生和社会的实际。只有这样，才能激发学生的学习兴趣，并能给学生以更多的创造空间。

第三，尊重学生个性。学生之间是有个性差异的，因此我们在设计任务时应该正视学生的不同兴趣爱好和能力水平。我们所设计的任务既要符合大多数学生的认知水平和能力水平，使他们能够共同发展，又要给能力强的学生留有适当的空间，使他们的个性得到充分的展示和发展。因此，在设计任务的时候，①针对相同的目标，设计不同的相关选题，给学生根据自我需求和兴趣进行不同选择的机会。②在指导分组时，要有意识地进行"异质分组"，使学生的不同能力能够得到发挥和互补，在不同层次的能力基础上都能有所收获，并能共同提高，共享成功。

第四，衔接不同学段。由于信息技术学科的特殊性，中小学课程中不同学段依然存在"零起点"的设计，使得现行小学、初中、高中教材中出现若干内容简单重复的现象。这种现象在实际教学中的矛盾日益突出。如何打破"零起点"的束缚，改变教学策略，切实提高学生的信息素养和实践创新能力，成为困扰教育工作者的一个难题。

信息技术教学的衔接不仅是教学内容上的，也包括学生的信息素养层次上的。如果我们能够认识到这一点，设计出合理的任务，不仅能够实现教学的衔接，更可以推动信息技术学科发展，提升学生的学科核心素养。

（四）多维导课

"良好的开端是成功的一半"，教学也不例外。巧妙地导入新课，可以激发学生学习兴趣，调动求知欲望。能把学生分散的注意力迅速集中起来，为教学的展开奠定良好的基础。

在信息技术学科教学中，常见的导课方式有直接导入、复习导入、情境导入、游戏导入等。不同的方式适合不同的内容，也各有不同的效果。但是，无论哪种方式，只要应用得当，都将是课堂教学中的润滑剂、调节剂和催化剂。

进一步打开视野，设计教学导入方式，不仅有利于学生的学习，对教师的成长也有不可估量的意义。因为要设计好的导课情境，教师需要更加留意生活，发现并整理好的灵感和实例；还要做好教学跟踪和反思，实现再次导课的技巧提升。

二、学科核心素养教学的技术手段

在教学中引入丰富的技术手段，一方面，可以解决学生的个体差异问题，满足不同需求；另一方面，可以提高教学效益，促进学生数字化学习与创新等学科核心素养。

（一）思维可视化

发展学生核心素养，提升学生未来竞争力，则必须使得学生具备解决问题的能力。与知识相比，思维的重要性越来越突出。而可视化概念的提出，使得教师拥有了具体的操作方向和工具，有机会真正实现教会学生"如何学习"和"如何思维"，提高学生的学习能力与思维能力。

"可视化"一词最早来自计算机科学领域，用于指科学计算的可视化，即运用计算机图形学和图像处理技术，将科学计算过程中产生的数据及计算结果转换为图像，以供用户观察、模拟和计算。其后，数据可视化、信息可视化、知识可视化、思维可视化等也相继产生。思维可视化使得不可见的思维显性、可见、形象，不仅方便学生理解和同伴交流，也便于教师进行思维管理和指导。

1. 思维可视化的工具类型

思维可视化可以通过多种形式的图示来实现。经常使用的思维可视化工具包括思维导图、思维地图等。

（1）思维导图（mind map）。在显微镜下，我们的大脑神经是一个由中心向外发散网状的神经元，大脑的思维也呈现出一种发散性的网状图像。东尼·博赞创立的思维导图正是这种大脑思维的真实体现。思维导图把人的思维用图画和线条形成的发散性结构记录下来，使得形象思维和抽象思维很好地结合起来，不仅激发大脑的联想和创造力，也使人的思维主次分明、逻辑清晰。

将思维导图作为一种教学策略和帮助学生认知的工具，参与教学过程，使学生的学习、教师的教学以及师生、生生之间的交流更能把握全局和细节；学生更能创造性地解决问题、高效率地完成学习。

（2）思维地图（thinking map）。思维地图最早兴起于美国，是教育学博士大卫·海勒在 1988 年开发的一种可视化的思维工具。思维地图共有八种类型：圆圈图、气泡图、双气泡图、树形图、括号图、流程图、复流程图和桥型图。其中，括号图、流程图在信息技术学科中应用较多。

2. 思维可视化的设计原则

将思维可视化工具运用于信息技术学科，有利于帮助学生建构学科知识体系，使学习内容结构化、系统化，促成学生形成整体性的观念和全景式创造性思维，对帮助学生组织与整合信息、理解与深化知识、梳理与把握规律和方法、培养学习力与创造力，具有重要作用和突出优势。

（1）基于思维可视，强调思维培养的深度。思维可视化的重点在于培养思维，让思考过程可见、思维活动可见，而不是简单潦草地画图或者过于优化美化图片。

正是基于以上考虑，在制作思维可视化工具时，教师更应该引导学生关注知识的内在联系和思维的活动过程，用思维可视化工具强化记忆、强化归纳、强化分析和解决问题的能力。至于采用何种技术并不是我们关注的重点。可以使用专门的软件，例如，Mind Manager、Free Mind、Xmind、Mind Mapper 等；也可以使用文本软件自带的功能。

（2）基于学生视角，强调学生的自主性。教师应引导学生参与创建全过程，特别是要让学生参与归纳、整理的过程，不能用教师的归纳代替学生的整理。教师应充分创造机会让学生梳理知识、寻找规律、判断正误，从而充分调动学生学习的积极性和主动性，激发学生学习兴趣。

（3）基于单元整体，强调内容的系统性。由于长期接受传统教学，学生的基础理论知识比较零散，知识间逻辑关系不清晰，没有良好的认知结构。在设计思维可视化工具时，应以单元为单位，突破课节界限，贯通教材前后，对教材进行充分的整合，从整体和系统的视角找到知识间的关联，形成知识的整体结构。

（4）基于应用指向，强调知识的迁移性。创建思维可视化工具的最终目的在于培养和提高学生运用知识解决问题的能力。因此，教师要引领学生从实际应用出发，着重知识的迁移训练，积极联想。培养学生举一反三、触类旁通、运用所学知识解决问题的能力。

（二）资源微课化

随着人们对于数字化学习资源的深入研究，微课逐渐引起关注，已经被广泛应用于各个学段各个学科教学中。微课通常以 10 分钟左右的小视频为主，内容聚焦在知识点上。正因其"微"，微课在个性化学习、碎片化学习、终身学习等学习方式中占据了重要的位置。

1. 微课的制作要求

（1）视频要求。微课不易过长，一般为5—8分钟，最长不宜超过10分钟；占据空间不宜过大，以便于下载；格式应是支持网络在线播放的流媒体格式，以便于流畅地在线观看。

（2）内容要求。微课的内容不宜过多，尽量聚焦，主题要突出，一般选择教学中关乎知识结构的知识，如重点、难点。微课的内容要适合以多媒体形式表达，便于刺激多种感觉参与学习，达到提高学习兴趣和学习效率的目的。

（3）目标要求。虽然按照不同的标准划分，微课的种类繁多。但是，微课的目标指向必须清楚明确：是指向课前复习、新课导入、知识理解、巩固练习，还是小结拓展。

微课还要注意适用对象，对于不同学段设计的微课，应符合该学段学生的年龄和心理特点，在制作手段、表达形式、画面呈现等方面都要作出相应的设计。

2. 微课的制作流程

从微课的制作要求中不难看出，相较于制作微课的技术手段，微课的教学设计更为重要。微课虽小，但是选择主题、分析教学内容、分析学生、确定教学目标、选择教学策略等环节都不可少。

（三）课程网络化

随着信息技术数字化、网络化发展，教学模式、教学平台也发生了历史性变革。大规模开放在线课程（MOOC）的大规模和在线化形式打破了传统人与人面对面交流、学习的局面，为教学注入了新鲜活力。

随着教育科研的深入，针对在校学生或限制对象的小规模限制性在线课程（SPOC）越来越受到关注，在基础教育领域的应用日益广泛。这类集教与学各环节多功能于一身的网络课程为教学提供了更多可能。在网络课程平台上，允许教师设置课程、在线评测；允许学生在线互动、课后提交作业、留言发帖……课程网络化不仅助教，更能助学。

1. 网络课程的优势

（1）系统而丰富的资源，有利于教师创新教学。教学资源集中在网络平台上，使得教师可以在教学中反复使用，并可以依据反馈不断调整增补，使得资源越来越系统而丰富，教师有机会从重复性劳动中解脱出来，从而拥有更多的精力和时间，分析课程，研究学生，创新教学。

（2）灵活的学习与互动，支持学生个性化学习。以课程形式出现在网络平台上的内容，强调学生完整、深入的学习体验。同时，学生有机会随时开始或反复学习某一篇章、随时与教师或同伴交流、随时进入评测环节检验学习。这些"随时"给学生带来了极大的便利，学生有机会按自己的进度进行学习、及时提出问题寻求解答，方便实现个性化学习。

2. 网络课程的模型

将网络课程应用于信息技术学科，使得师生、生生的线上与线下教与学成为可能，线上有资源、线下有活动、过程有评估，实现了线上线下联动，促进了学生的深度学习。①线下：教师创设情境，引导学生明确学习任务。②线上：学生登录平台，完成课程学习，在自主探索和交流合作中完成线上测试、提交作品；教师及时反馈，初步评测；在此过程中，学生可以与教师和同学进行线上交流。③线下：教师汇总作品，形成评价意见，并总结反思教学。在此过程中，教师还可以查看学生的留言，给予回复或帮助。

（四）学习移动化

以智能手机、平板电脑等为代表的智能移动终端通过无线网络接入云端，开启了新的学习形式，人们可以实现随时随地想学就学。

1. 移动学习的优势

（1）数字化交流与学习。基于智能移动终端的教与学，学生可以置身于数字化学习环境中，利用数字化学习资源学习并展开实时交流，进行多层次探究、开展创新性学习。

（2）方便携带学习设备。智能移动终端的可携带性、无线性、移动性等特点，使得学生不再被限制在教室里、电脑前，可以自由自在、随时随地进行不同目的、不同方式的学习。学习环境是移动的，研究人员、教师和学生是移动的、学习本身也是移动的。

（3）学习时机更加灵活。借助微课程或手机软件，学生可以随时开展学习、接续学习或反复学习，学习时机更加灵活。同时，通常表现为短小精悍的学习内容也为学生的碎片化学习提供了可能和方便，也增强了教与学的灵活化优势。

2. 移动学习的运用

基于智能移动终端的"移动学习"是数字化学习的一种形式。目前，这种移动化学习的资源主要表现为微课程和手机软件（App）。将智能移动终端应用于教学，一方面，学生可以在智能移动终端上获取来自网络学习系统的资源，根据自身情况安排学习进度；与学习系统实时互动，寻求更多支持。另一方面，学习系统记录学生的浏览记录、播放记录等学习实况，可以帮助教师和学生认清自己的学习进度和学习困难所在。

第四节　学科核心素养发展的途径研究

无论是传递知识、开拓思维、组织活动，还是互动交流，教师在设计和组织教学时要将传统的"以知识点为核心"的教学观念，转变为"以核心素养为导向"的教学。具体而言，需要体现以下三个着力点。

第一，由"抽象知识"转向"具体情境"，注重营造学习情境的真实性。经济合作与发展组织（OECD）在"素养的界定与遴选"项目中指出，核心素养着力解决的是提高学生面对复杂情境下的问题解决能力，使之能够适应飞速发展的信息时代和复杂多变的未来社会。传统教学以学科知识点为核心，传授的知识往往过于抽象，难以形成解决实际问题的能力。真实世界中的问题情境往往更加复杂多元，教学中教师需要注意把抽象问题与真实情境相结合，为学生创设能够利用所学知识解决真实问题的机会。

第二，由"知识中心"转向"能力（素养）中心"，培养学生形成高于学科知识的学科素养。学科知识在学生学习和成长中扮演着重要角色。通过学习学科知识，学生的智能、品德、价值观都打上了学科的烙印，这个过程就是学科素养形成的过程。然而，目前过于强调学科知识的教学，弱化了由知识转化为学科素养和能力的过程。要扭转知识本位的思想，就一定要在把知识转化、内化和升华为能力与素养上多作努力。每个学科对学生的发展价值，除了一个领域的知识以外，应该能够提供一种唯有在这个学科的学习中才可能获得的经历和体验；提供独特的学科美的发现、欣赏和表达能力。所以，教师需要确立"通过知识获得教育"而不是"为了知识的教育"的教育思想。学科学习的最终目的应该是形成高于学科知识的学科素养。

第三，由"教师中心"转向"学生中心"，促进学生主动学习和合作学习的意识与能力。提高学生学习的主动性就是要把教学中心由"教"转向"学"。教师的重要作用应体现在激发学生的学习兴趣、引导学生自主学习和培养学生合作学习意识，从而达到教育的最终目标——培养学生具有终身学习的能力。开展"以学生自主活动为主"的课堂教学，不仅要求教师让学生独立自主地进行探究，更重要的是要求教师以学生学习为主线，关注学生问题生成、实践、操作、思维转化、问题解决的全过程，指导并促进他们由浅入深、由表及里地进行学习探索，进而形成独立思考、实践和学习能力，而不仅是放手让学生自学。

参考文献

[1] 安丽梅. 中国古代思想政治教育史研究的回顾与前瞻 [J]. 思想政治教育研究, 2017, 33 (3)：105.

[2] 白毅. 中国古代教育史概要 [M]. 西安：西安交通大学出版社, 2018.

[3] 曾云. 立德树人：中国古代教育思想嬗变的视角 [J]. 当代教育与文化, 2019, 11 (1)：7-11.

[4] 程斯辉. 学科自信与教育史学科建设 [J]. 河北师范大学学报 (教育科学版), 2018, 20 (1)：32-37.

[5] 程素卿. 从中国古代蒙学教材中探寻古代蒙学教育思想内涵 [J]. 兰台世界, 2014 (9)：122-123.

[6] 董坤玉. 中国古代教育史分期新探 [J]. 河北师范大学学报 (教育科学版), 2013, 15 (5)：25-29.

[7] 干众扬. 论中国古代舞蹈的发展与时代特点的现实意义 [J]. 戏剧之家, 2022 (8)：97-99.

[8] 郭建斌. 教育学原理学科建设的历程、成就和展望 [J]. 教育理论与实践, 2022, 42 (25)：3-9.

[9] 吉祥佩, 祝修理, 李俊飞. 学科相关概念视域下的交叉学科建设路径 [J]. 现代教育科学, 2022 (5)：141-147.

[10] 李海龙. 知识网络化与学科建设 [J]. 学位与研究生教育, 2020 (6)：36-43.

[11] 李晖, 李冰. 浅析音乐鉴赏中的中国古代歌曲教学 [J]. 时代报告 (学术版), 2012 (12)：306.

[12] 李楠, 陈幼实. 中国古代教育 [M]. 北京：中国商业出版社, 2014.

［13］李宁. 高等院校学科建设略论［J］. 江苏高教，2014（4）：72-73.

［14］林琳，孙丽荣. 中国古代教育史［M］. 哈尔滨：黑龙江人民出版社，2006.

［15］刘凯君. 对望过往中的中国古代舞蹈艺术创作［J］. 艺术评鉴，2019（22）：73-74.

［16］刘珊. 教育现代化的前行与反思：谈儒家思想对古代教育与现代教育的启示［J］. 学理论，2013（2）：182.

［17］刘中飞. 学科建设背景下的学术出版创新［J］. 出版广角，2021（14）：19-22.

［18］龙宝新. 论中国特色一流学科建设［J］. 高校教育管理，2020，14（3）：1-8，29.

［19］隆晓莹. 中国古代哲学思想相对于教育观念的求同存异分析［J］. 鄂州大学学报，2022，29（2）：8-9，13.

［20］邱桂香. 基于学科核心素养的信息技术教学实践研究［M］. 沈阳：东北大学出版社，2019.

［21］苏均平，姜北. 学科与学科建设［M］. 2版. 上海：第二军医大学出版社，2014.

［22］孙小然. 浅析中国古代舞蹈理论［J］. 音乐大观，2014（1）：164.

［23］田茂，王凌皓. 我国古代蒙学仪式教育的社会教育功能及启示［J］. 学术探索，2016（12）：140-143.

［24］王珊. 论学报发展与学科建设［J］. 中央社会主义学院学报，2014（3）：113-116.

［25］王战军，于妍. 高校学科建设与规划的五大关系［J］. 现代教育管理，2021（4）：1-6.

［26］吴龙，余珊. 浅论中国农业社会与中国古代教育的关系［J］. 农业考古，2012（4）：273-276.

［27］肖慎华. 论大学学科建设与人才培养［J］. 高等农业教育，2015（2）：69-71.

［28］谢冬平，朱欣. 中国古代蒙学教育简论［J］. 兰台世界，2012（36）：27-28.

［29］熊静. 古代家庭教育中的阅读传统及其启示［J］. 图书馆，2017（9）：73-78.

［30］徐蕾. "双一流"背景下我国大学学科建设模式的改革［J］. 黑龙江高教研究，2022，40（12）：88-94.

［31］许晓东，阎峻. 论中国教育法学学科建设［J］. 高教发展与评估，2015（5）：89-94.

［32］姚思宇，何海燕. 一流大学和一流学科建设的逻辑关系［J］. 学位与研究生教育，

2019（1）：19-26.

［33］姚晓峰. 从颜元实学教育思想中寻求职教发展的智慧［J］. 中国成人教育，2011（7）：139.

［34］易永姣. 论学堂赋创作与中国古代教育［J］. 福建师范大学学报（哲学社会科学版），2013（3）：166-172.

［35］赵本全. 墨子及墨家教育思想的现代诠释［J］. 文教资料，2011（34）：138.

［36］周海涛，郑淑超. "四新"学科建设的优化路径［J］. 中国电化教育，2022（4）：9-15.